Pour

Mademoiselle de St Louys.

Pour

Mademoiselle de St Louys.

LA PARTHENIE

Balthasar

DE BARO

DEDIEE
A MADAMOISELLE

A PARIS,
Chez ANTOINE DE SOMMAVILLE, en la Salle des Merciers, à l'Escu de France.
ET
AVGVSTIN COVRBE', dans la mesme Salle, à la Palme.
au Palais.

M. DC. XLII.
AVEC PRIVILEGE DV ROY.

A TRES-PVISSANTE ET SOVVERAINE PRINCESSE ANNE MARIE LOVYSE D'ORLEANS,

Fille vnique de Monseigneur Frere du Roy, Souueraine de Dombes, Dauphine d'Auuergne, Duchesse de Montpensier, &c.

MADAMOISELLE,

Sçachant jusqu'où va l'esprit de vostre Altesse Royale, & combien il a d'excellentes qualitez, ie ne puis que ie ne rougisse en luy presentant vn Ouurage si peu digne de l'entretenir. Vostre merite fait toute ma honte, & certes quand ie considere qu'en vn âge si tendre vous auez des connoissances qu'à peine les plus assidus à l'estude possedent apres vn trauail de beaucoup d'années, il faut que ie confesse ou que vous estes née pour nostre confusion, ou que la Nature reseruant pour les personnes de vostre naissance des tresors tous particuliers, vous a prodigué des biens dont ell' est auare pour tous les autres. Ie croirois toutefois, MADAMOISELLE, trahir en quelque sorte la verité si j'attribuois tous les auantages qui vous enrichissent à la seule grandeur du Sang dont vous estes issuë; & si ie ne disois que, quelque glorieux qu'il soit, il n'a pas fait tout seul les perfections qui vous rendent admirable. Les veilles de Madame de Saint George, & les soins nompareils que cette illustre Gouuernante a mis à vous esleuer, y ont contribué tant de choſes, que ſans vne flatterie criminelle on ne ſçauroit vous perſuader que vous n'ayez point eu beſoin de ſes enſeignemens ny de ſes exemples. Il eſt vray que vous auez ſi heureuſement profité des vns & des autres, que j'en dois tirer vne nouuelle matiere de vous loüer, & publier hautement qu'vn naturel moins doux & moins riche que le voſtre n'auroit pû acquerir en ſi peu de temps les lumieres dont vous brillez, ny les vertus qui vous font nommer aujourd'huy la merueille de noſtre ſiecle. Ce n'eſt point ſur le rapport d'autruy, MADAMOISELLE, que ie fonde le jugement que ie fay de vous, depuis le temps que Monſeigneur le Cardinal de Richelieu daigna fauoriſer la paſſion que j'auois d'eſtre à voſtre Alteſſe Royale, & qu'outre vn nombre infiny d'autres bienfaits il plûſt à ce grand Miniſtre de me procurer l'honneur d'eſtre de vôtre Maiſon, j'ay eſté le fidelle teſmoin de vos deportemens, & ie puis dire qu'il ne s'est rien passé dans le cours de vostre vie qui ne m'ait rauy d'estonnement & d'admiration. Que s'il est possible qu'il se rencontre quelqu'vn assez ignorant de ce que vous estes & de ce que ie suis pour trouuer vos loüanges suspectes en ma bouche, qu'il se donne pour vn seul moment l'honneur de vous approcher; ie suis asseuré que toutes vos actions passeront aupres de luy pour des miracles; & qu'il sera contraint d'auoüer que ie n'ay pas esté moins veritable en tout ce que j'ay dit, que ie le suis quand j'ose protester

MADAMOISELLE, que ie suis de Vostre Altesse Royale,

Tres-humble, tres-obeïssant & tres-fidelle seruiteur, BARO.

AV LECTEVR.

NE m'accuse pas, cher Lecteur, si tu vois dans cet Ouurage quelques actions qui démentent la haute reputation dont Alexandre a surmonté l'injure de tant de siecles. Quinte Curse luy a rendu ce mauuais office deuant que moy. Et nous l'ayant representé, apres la cõqueste de la Perse, dans vn abandonnement à toutes sortes de voluptez, il a semblé nous vouloir montrer combien est grande la foiblesse humaine, & qu'il n'y a point de si belle vie qui n'ait quelque interualle fascheux. Encore crois-ie auoir obligé la memoire de ce Heros, puisque luy ayant fait conceuoir quelque honte de sa mollesse, & de son oisiueté, i'ay supplcé à ce que l'Histoire deuoit dire; & luy ay fait entreprendre par vn principe de vertu la suite des grandes choses qu'il semble n'auoir faites que par hazard ou par interest. Si tu consideres donc l'estat de la vie qu'il menoit alors, tu ne trouueras pas estrange qu'au lieu de le dépeindre dans vne honteuse prostitution, ie l'aye feint amoureux de PARTHENIE. C'est assez que l'Historien (qui ne deuoit pas auoir oublié le nom de cette genereuse femme) nous ait dit qu'elle estoit belle pour me faire iuger qu'elle estoit aimable; & i'ay creu qu'il estoit plus glorieux pour Alexandre de luy donner de la passion pour vne Princesse que pour des esclaues. Au reste, s'il y a quelque espece de cruauté dans le dessein où il se porte de faire mourir Hytaspe, on ne la trouuera pas extraordinaire si l'on connoist ce que peut sur les esprits vne amour desordonnée: Et quand elle n'auroit pas eu des exemples dans nostre temps, on pourra croire facilement que celuy qui tua de sa propre main le meilleur de tous ses amis, pust bien dans vne dépravation pareille commander qu'on le deffit d'vn Riual qui en cette qualité ne pouuoit estre que son ennemy. Adieu.

PRI-

PRIVILEGE

DV ROY.

LOVIS PAR LA GRACE DE DIEV ROY DE FRANCE ET DE NAVARRE, A nos amez & feaux les Gens tenans nos Cours de Parlement, Maistres des Requestes ordinaires de nostre Hostel, Baillifs, Seneschaux, Preuosts ou leurs Lieutenans & tous autres Iuges & Officiers qu'il appartiendra, Salut. Nostre cher & bien-amé Baltasar Baro nous a fait remonstrer qu'il auoit composé vne piece de Theatre, intitulée *PARTHENIE*, laquelle il desiroit faire imprimer & mettre en lumiere; ce qu'il ne peut faire sans auoir nos Lettres à ce necessaires, humblement nous requerant icelles. A CES CAVSES, desirant fauorablement traiter ledit exposant, nous luy auons permis & permettons par ces presentes de faire imprimer, vendre & distribuer ladite piece de Theatre par tel Libraire & Imprimeur qu'il aduisera bon estre, en tel volume & charactere que bon luy semblera, durant le temps & espace de cinq ans entiers & accomplis, à compter du iour que ladite piece sera acheuée d'imprimer pour la premiere fois : Pendant lequel temps nous faisons tres-expresses inhibitions & defenses à tous Libraires, Imprimeurs & autres de quelque qualité qu'ils soient, de contrefaire ledit Liure, sur peine de confiscation des exemplaires, & de trois mille liures d'amende : A la charge toutefois de mettre deux exemplaires dudit Liure en nostre Bibliotheque publique, & vn autre en celle de nostre tres-cher & feal le Seigneur SEGVIER Cheualier & Chancelier de France, à peine de nullité des presentes. CAR TEL EST NOSTRE PLAISIR, nonobstant clameur de Haro, Chartres Normandes & autres lettres à ce contraires. Donné à Paris le huictiesme iour de Iuillet mil ſix cens quarante-deux, & de noſtre regne le trente-troiſieſme.

Signé, Par le Roy en ſon Conſeil,
MATHAREL,

Et ſcellé du grand ſceau de cire jaune.

ET ledit Sieur Baro a cedé & tranſporté ledit Priuilege à Antoine de Sommauille & Auguſtin Courbé Marchands Libraires à Paris, ſuiuant l'accord fait & paſſé entr'eux.

Les Exemplaires ont eſté fournis.

Acheué d'imprimer le 15. Septembre 1642.

ACTEVRS.

NEARQVE. } Chefs de l'armée d'Alexandre.
HARPALE. }

ALEXANDRE.

EPHESTION, fauory d'Alexandre.

PARTHENIE, Princeſſe eſclaue.

HYTASPE, Prince & priſonnier de guerre.

CARINTE, confidente d'Alexandre.

LYCANDRE, Capitaine des gardes d'Alexandre.

LA SCENE EST dans la Perſe.

PAR-

PARTHENIE.

ACTE I.

SCENE PREMIERE.

HARPALE, NEARQVE.

HARPALE.

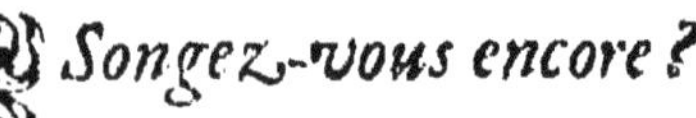

Y Songez-vous encore?

NEARQVE.

Ouy, ie ne puis comprendre
Comment cet indomptable & fameux Alexandre,
Ce Heros inuincible & si souuent vainqueur,
A pû manquer si tost de conduite ou de cœur.

HARPALE.

Si dans le champ de Mars sa valeur ne s'exerce,

Il en faut accuser les plaisirs de la Perse:
Desia de ses trauaux il veut se delasser.

NEARQVE.

Au chemin de l'honneur c'est trop peu s'auancer,
En matiere d'exploits qui s'arreste recule:
Ces climats sont pour luy les colonnes d'Hercule:
Il ne peut passer outre, & son oisiueté
Va destruire sa gloire & sa felicité.

HARPALE.

C'est à nous d'obéir à tout ce qu'il ordonne:
Autrefois nous aimant aupres de sa personne,
Il nous communiquoit ses desseins importans,
Il suiuoit nos conseils, mais ce n'est plus le temps.
S'il se plaist toutefois à viure en solitude,
Ce n'est ny par mespris, ny par ingratitude:
Il nous cherit sans doute autant qu'il fit jamais,
Quelque legere amour l'arreste desormais,
Dont la flame imitant celle d'vn feu de paille,
Nous guerira biẽ-tost du mal qui nous trauaille.

NEARQVE.

Cet amour toutefois peut faire en vn moment
D'vne foible estincelle vn grand embrasement.
On doit apprehender ce Dieu qui ne void goute,

Sur tout,(ie le diray personne ne m'escoute)
Sur tout lors qu'eschauffant les cœurs qu'il a vaincus
Il mesle à ses fureurs les fureurs de Baccus.
Alexandre.

HARPALE.

Il est vray quelquesfois il s'oublie,
Mais de tant de vertus son ame est ennoblie
Qu'il vaincra ce defaut.

NEARQVE.

Harpale cependant,
Essayons de pouruoir à ce mal euident,
De crainte que l'armée à la fin ne perisse,
De quelque espoir nouueau flatons nostre milice.
Allons voir nos soldats.

HARPALE.

C'est tres-bien obserué.
Allons, le Roy s'approche, il est desia leué.

SCENE II.

ALEXANDRE, EPHESTION.

ALEXANDRE.

AH ne m'en parle plus! qu'oseroit entreprendre
Celuy qui loin de vaincre est forcé de se rendre,
Et qui de ses exploits la memoire estouffant
A mis tous ses lauriers sous les pieds d'vn Enfant?

EPHESTION.

Certes ce changement me surprend & m'estõne,
Faut-il qu'aux voluptez vostre ame s'abandonne?
Ayant comme les Dieux obtenu des autels
Suiurez-vous le Destin des plus foibles mortels?
N'escoutez plus vos sens, & rendez-vous le maistre
De cette passion qu'vn aueugle fait naistre,
C'est le seul ennemy qui vous reste à dompter

ALEXANDRE.

Mais le ſeul ennemy qu'on ne peut ſurmonter.

EPHESTION.

Dans les plus grands perils eſt la plus grande gloire.

ALEXANDRE.

A quoy ſert de cõbattre à qui craint la victoire?
Ie benis mon Deſtin tout bizarre qu'il eſt,
Ma défaite me charme, & ma flame me plaiſt.

EPHESTION.

De peur qu'elle vous traite auec trop d'inſolence,
Il faudroit l'eſtouffer au poinct de ſa naiſſance.

ALEXANDRE.

Helas! ſi tu ſçauois quel objet la produit,
Si tu voyois l'eſclat de l'aſtre qui me luit,
Tu le croirois fatal à qui bien le contemple:
Mais apprends vn Deſtin qui n'eut jamais d'exemple.
Apres cette journée, où les Perſes domptez
Virent mourir leur Prince & leurs proſperitez,
Harpale m'amena des eſclaues ſi belles,

Qu'elles pouuoient charmer les cœurs les plus re-
belles.
Dés l'heure j'ordonnay que durant mes repas
Les vnes chanteroient, les autres de leurs pas
Formant selon les airs des figures diuerses,
Flatteroient mon esprit des delices des Perses.
Ainsi, comme mes sens demeuroient enchantez
Par ce meslange heureux de pas & de beautez,
Et qu'elles à l'enuy s'efforçoient de me plaire,
I'en vys vne à l'escart pensiue & solitaire,
Qui d'vn œil curieux cherchant où se cacher,
Par honte ou par mespris refusoit d'approcher,
Ie l'aborde, & feignant quelque peu de colere,
D'où vient (luy dy-ie alors d'vn ton graue &
seuere)
Que ton coupable orgueil refuse à mes desirs
Le soin auantageux d'aider à mes plaisirs?
Parle qui que tu sois, & sousmets à ma veuë
Les rares qualitez dont le Ciel t'a pourueuë:
Ne me refuse rien, regarde qui ie suis,
Ou si tu me desplais, songe à ce que ie puis.
Elle toute superbe & pompeuse en son geste,
Respond d'vne voix ferme, & toutefois modeste:
Sire, ce qu'aujourd'huy tu recherches de moy,
Est digne d'vn Tyran, mais indigne d'vn Roy.
Que ces lâches beautez deuant toy prostituent

Leurs infames appas qui charment, mais qui tuent,
Qu'elles t'accordent tout de crainte de perir,
Elles sçauent flatter, & moy ie sçay mourir.
Vse plus sagement des faueurs de Bellonne,
Nagueres ie portois le Sceptre & la Couronne,
Et bien que desormais ces marques de grandeur
Ne soient plus dans mes mains elles sont dans mon cœur,
C'est là que despitant les coups de la Fortune
Et le fâcheux succez d'vne guerre importune,
Malgré ma seruitude & malgré tes projets
Ma vertu trouue encore vn sceptre & des subjets.
A ce mot la pudeur luy couurant le visage,
Defendit à sa voix d'en dire dauantage:
Mais pour se satisfaire & pour me toucher mieux,
Cette adroite beauté laissa faire à ses yeux,
Qui tous armez de traits & tous couuerts de flame,
Se rendirent bien-tost les maistres de mon ame.
Voy comme la Fortune a d'estranges reuers,
Cette esclaue triomphe au milieu de ses fers:
La Deité s'immole à la victime offerte,
Et ma seule victoire est cause de ma perte.

EPHESTION.

Cette flame est recente?

ALEXANDRE.

Ouy, trois iours seulement
En ont veu le progrez, & le commencement.

EPHESTION.

Son nom vous est connu?

ALEXANDRE.

Son nom est PARTHENIE,
OQVE fut son ayeul, luy dont la tyrannie
Fit les Perses gemir, & qui pût autrefois
S'establir, quoy qu'indigne, au Thrône de leurs Rois.

EPHESTION.

Il est à presumer qu'elle sçait vostre peine.

ALEXANDRE.

Ouy, mais cette beauté n'en est pas plus humaine:
Sa bouche toutefois doit bien-tost proferer
Tout le bien ou le mal que j'en dois esperer.

EPHESTION.

Qui luy parle pour vous ?

ALEXANDRE.

Vne femme fidelle,
Qui le void tous les iours, qui fut prise cõme elle:
Mais à qui sous l'espoir d'vn secours aßidu
I'ay desia plus donné qu'elle n'auoit perdu:
Elle s'en vient à nous.

SCENE III.

ALEXANDRE, CARINTE, EPHESTION.

ALEXANDRE.

O Fatale rencontre!
Il n'est rien de fascheux que son œil ne me mõtre,

CARINTE.

Sire.

ALEXANDRE.

Ne parle point, ie lis dans ton abord
L'arrest de ma disgrace ou plustost de ma mort.
Pour exprimer l'excés du malheur qui me touche
Tes yeux n'ont pas besoin du secours de ta bouche,
Et ce que Parthenie a pour moy de rigueur
Me paroist sur ton front comme il est dans son cœur.

CARINTE.

Vous l'auez reconnu, grand Prince, ie l'auouë,
De vostre Majesté cette ingratte se jouë,
Et ce cœur orgueilleux se moque également
Des discours d'vne femme & des vœux d'vn Amant.
La coupable préfere à sa grandeur future
Le déplorable estat de sa triste auanture,
Et plus ie l'entretiens du feu dont vous bruslez,
Plus de vos sentimens les siens sont reculez:
Si rien ne l'a pû vaincre, il est tẽps que j'exprime
L'excés de ma douleur, & celuy de son crime,
Qui fait qu'en vn besoin si iuste & si pressant
Ie ne puis vous prester qu'vn secours impuissant.

ALEXANDRE.

Impuissant! ah sensible & cruelle sentence!
Carinte, tu n'as pû forcer sa resistance?
Il faut que son malheur ait d'estranges appas
Puisque pouuant le vaincre elle ne le veut pas:
Mais dy moy ie te prie, as-tu mis en vsage
Tout ce que peut l'esprit pour fléchir vn courage?
Et faisant le tableau de mes viues douleurs
N'as-tu point espargné tes meilleures couleurs?

CARINTE.

Si j'ay rien oublié pour vaincre cette ingratte,
Qu'en ce moment sur moy vostre colere esclatte.
I'ay parlé de la gloire où l'Amour l'esleuoit,
Si son cœur adoucy vos flames approuuoit:
I'ay dépeint vos vertus plus fortes que vos armes,
I'ay poussé des sanglots, j'ay répandu des larmes,
Enfin j'ay pratiqué pour vostre allegement
Tout ce que peut l'adresse auec le jugement.

ALEXANDRE.

En deussay-ie augmenter mon amoureux supplice,
Il faut que sur ce point mon ame s'esclaircisse.

Et si ie dois mourir, comme j'y suis tout prest,
Qu'au moins sa belle bouche en prononce l'arrest.
Va (cher Ephestion) querir cette inhumaine,
Tesmoin de mon amour sois tesmoin de sa haine:
Mais voyant cet objet à mon repos fatal,
Fay que mon confident ne soit pas mon riual.

EPHESTION.

Ie me connois trop bien, Sire, & j'ay moins d'enuie
De manquer de respect que de manquer de vie.

ALEXANDRE.

à part. *Se moquer de mes fers au lieu de les porter,*
A son ingratitude vn mespris adjouster,
Ah rigueur sans pareille! ô lascheté coupable!
Mais ce que tu m'as dit est-il bien veritable?
Carinte, encor vn coup, ne me déguise rien,
Parthenie a mon cœur, ne puis-ie auoir le sien?
Croy-tu point que le temps qui change toutes choses,
Qui chasse les glaçons & ramene les roses,
Puisse chasser aussi les glaces de son sein,
Et d'vn myrthe amoureux couronner mon dessein?

CARINTE.

Lire dans l'auenir excede ma puissance.
Peut-estre cet esprit où regne l'arrogance
Changera de nature & deuiendra plus doux.
Iusqu'icy l'apparence est toute contre vous.
Ie sçay que ce discours dont ie vous importune
Nuit à vostre repos autant qu'à ma fortune:
Mais deussay-ie rentrer dans ma captiuité,
Ie ne veux rien cacher à vostre Majesté.

ALEXANDRE.

Quelque extréme douleur qui m'oblige à me plaindre,
Carinte, sur ce poinct tu n'as plus riẽ à craindre,
Quoy que ton assistance ait eu fort peu d'effet,
I'aime à te voir joüir du bien que ie t'ay fait,
Vy plus libre que moy longue suite d'années,
Mais voicy la beauté qui fait mes destinées,
Que ses regards sont doux! ô sort capricieux!
Faut-il qu'ell'ait vn cœur si contraire à ses yeux?

SCENE IV.

PARTHENIE, ALEXANDRE, EPHESTION, CARINTE.

PARTHENIE.

PRince victorieux, me voicy prosternée
Pour subir quelque peine où ie sois condánée.
Le seul bien que j'espere, & que j'ay souhaitté,
C'est de perdre la vie apres la liberté.
Il est temps d'acheuer le cours de mes miseres,
Ton bras a renuersé le Trône de mes peres:
Et s'il a dans sa cheute entraisné mes parents,
Souffre que nos Destins ne soient point differéts.
Puisque ta main se plaist dans le sang qui la souïlle,
Immole à ta fureur cette foible dépoüille
Qui ne peut assouuir ton desir indiscret,
Voulant viure sans tache, & mourir sans regret.

ALEXANDRE.

Ce beau nom de vainqueur, doux objet de mes peines,

Conuient mal à celuy qui languit sous tes chaisnes ;
Et puisqu'à ton triomphe il se rapporte mieux,
Tu dois garder pour toy ce tiltre glorieux.
Que ta crainte aujourd'huy cede à ton esperance,
Alexandre t'adore, il est sous ta puissance,
Et ce Prince amoureux, né pour te respecter,
Te demande la vie au lieu de te l'oster.
Ie croy que tes parents ont veu dans cette guerre
Et leurs Sceptres brisez, & leurs Trônes par terre :
Mais loin de m'accuser d'aucun crime commis,
Souuiens toy seulemẽt qu'ils m'estoient ennemis.
Ie puis, si tu le veux, releuer ta fortune,
Ma valeur te rendra cent Couronnes pour vne,
Pour ta gloire Alexandre est tout prest de s'armer,
Et pour en estre digne il ne faut que l'aimer.
Ne croy pas que l'amour, ce tyran qui me domte,
M'inspire des desirs qui tendent à ta honte,
Par le secret effort d'vne discrette loy
La flame dont ie brusle est pure comme toy.
Mais quoy tu ne dis mot ? qui te rend si farouche ?
Si tu fermes ton cœur au moins ouure ta bouche,
Et respons aux discours que fait ma passion,

Si tu ne veux respondre à mon affection.

PARTHENIE.

La douleur est muëtte alors qu'ell' est extréme,
La mienne est dans ce poinct, elle se taist de méme
Sire, & pour bien parler de mes ennuis diuers,
C'est assez que mes yeux aux larmes soient ouuerts.
Vostre amour vraye ou feinte en vain me sollicite,
Ie connois mes defauts comme vostre merite,
Et sçay bien que sans crime on ne peut desirer
Vn bien où la raison nous defend d'aspirer:
Mais quand vostre bonté, que nulle autre n'égale,
Releuant mes Estats de leur cheute fatale,
Feroit luire vn beau iour dans l'horreur de mes nuits,
Ce iour m'affligeroit en l'humeur où ie suis.
Ouy quand du monde entier j'aurois fait la conqueste,
Quelque esclat de grandeur qui brillast sur ma teste,
Ne feroit qu'adjouster vn sujet de douleur
Au secret déplaisir qui me ronge le cœur.

ALE-

ALEXANDRE.

Trop aimable beauté, n'oserois-tu me dire
D'où naissent les souspirs qui marquent ton martyre?
Pouuoir dire son mal, c'est guerir à demy,
Ne me regarde plus comme ton ennemy,
Exhale ta douleur, ouure-moy ta pensée,
Pourueu que mon amour n'y soit point offensée.
Ie iure d'entreprendre y deussay-ie perir,
Quoy qu'il faille tenter afin de te guerir.

PARTHENIE.

Puisqu'il faut descouurir, Monarque magnanime,
Combien de mes regrets la cause est legitime,
Ie ne veux plus tenir vostre esprit en suspends
Hytaspe est le sujet des pleurs que ie respands,
Deux ans sont expirez depuis l'heure cruelle
Que mon pere quittant sa dépoüille mortelle
Luy remit la Couronne, & le fit successeur
D'vn Thrône chancellant dont il fut possesseur.
Ce frere genereux, pour lequel ie souspire,
Auec moy partagea le soin de son Empire:
Nous nous vismes esgaux de naissance & de rang,

Et plus proches encor d'amitié que de sang.
Si-tost qu'il eut calmé les tempestes publiques,
Darie en son endroit commença ses pratiques,
Et de mille vertus le voyant assorty,
Engagea son courage à suiure son party:
L'vn & l'autre vaincus ont mãqué de puissance
Mars a voulu trahir leur commune esperance
Ils ont à leur dommage éprouué la valeur
D'vn Roy dont la fortune a surmonté la leur:
C'est ainsi que sa cheute a fait mon précipice;
Mais ce qui me trauaille auec plus de malice,
Et dont le coup mortel me blesse plus auant,
C'est le doute ou ie suis s'il est mort ou viuant.
Par pitié tirez-moy de cette inquietude
Que ie sçache sa mort ou bien sa seruitude.
Mon cœur dans sa misere est prest à vous benir
S'il peut de vos bontez cette grace obtenir.

ALEXANDRE.

Si ton frere a senty les rigueurs de la Parque
Comme de mon bon-heur sa mort est vne marque,
Ne le pouuoir donner à tes justes desirs
Est aussi le plus grand de tous mes déplaisirs:
Mais s'il a de nos coups eschappé la tempeste,
Si les foudres de Mars ont épargné sa teste,

Et s'il est tombé vif dans les mains du vainqueur
Pour payer sa rançon, c'est assez de ton cœur:
Donne ordre Ephestion qu'on fasse une reueuë,
Et que ma volonté dans mon camp soit connuë:
Honore de presens au delà de ses vœux
Quiconque me rendra ce prisonnier fameux;
Cependant Parthenie allege ta tristesse,
Ie voy dans ta douleur vn excez qui me blesse
Espere, & te montrant plus douce à l'aduenir,
Songe à me faire grace afin de l'obtenir.
Pour toy, suy Parthenie en quelque part qu'elle aille,
Fay qu'à ma paßion ton secours ne defaille,
Mesure toy pourtant, ne l'importune pas. Il sort.

CARINTE.

Sire, ie me rendray compagne de ses pas,
Et feray vanité, quelques maux qui m'arriuẽt,
D'imiter en cela vos pensers qui la suiuent.

EPHESTION.

Differer d'obéir à ce commandement,
Ce seroit differer vostre contentement:
Ie vay donc trauailler à vous tirer de peine.

PARTHENIE.

Helas ! vous ne ferez qu'vne recherche vaine.

EPHESTION.

On peut tout esperer des caprices du sort,
Plusieurs prés du naufrage ont rencontré le port,
Dans ce dernier cõbat l'vn des Chefs de Darie
Alloit de nos soldats éprouuer la furie,
Et sans doute il fut mort si prompt à son secours
Ie n'eusse pris le soin de conseruer ses jours:
Il est mon prisonnier, ce cher frere de mesme
Rencontrant quelque Azyle en ce peril extres-
me,
N'aura point succombé sous vn pire Destin,
Et de quelque autre Chef il sera le butin.

PARTHENIE.

Le permette des Dieux l'immortelle puissance:
Mais si m'en enquerir ne passe pour offence,
Que ie sçache le nom de vostre prisonnier.

EPHESTION.

C'est ce qu'à ma priere il a pû dénier.
On remarque pourtant, quelque chose qu'il fasse,
Qu'il n'a rien qui tesmoigne vne naissance basse.

PARTHENIE.

Sa taille?

EPHESTION.

Riche & belle.

PARTHENIE.

Et ſon teint?

EPHESTION.

Vn peu brun.
Mais ſa grace l'eſleue au deſſus du commun,
On voyoit vn lyon ramper ſur ſa rondache,
Et ſon caſque ombragé d'vn ſuperbe pennache,
Sembloit repreſenter, tout incarnat & blanc,
Dans des ondes de laict d'autres ondes de ſang.

PARTHENIE.

O rencontre inoüye! ô pourtrait veritable!
Hytaſpe eſt ce captif.

EPHESTION.

Cela n'eſt pas croyable.

PARTHENIE.

C'est luy-mesme.

EPHESTION.

O prodige!

PARTHENIE.

Il n'en faut plus douter,
Quel prix en voulez-vous? ie veux le rachetter.

EPHESTION.

Ne pouuant ignorer que le Roy le demande,
Ie ne dois qu'a luy seul consacrer cette offrande:
Mais ne languissez pas, vous l'aurez aujourd'huy:
Car ce present est digne & de vous & de luy.

PARTHENIE.

Au moins Ephestion, permettez que j'espere
Que vous me nommerez a cet aimable frere,
Et pour luy tesmoigner comme ie vys encor,
Dõnez luy cet anneau, c'est mon dernier tresor.
Si vous l'obseruez bien, au nom de Parthenie
Vous verrez de son cœur la tristesse bannie:
Mais afin que ce nom ait toute sa douceur,

Adjouſtez-y touſiours la qualité de ſœur.

EPHESTION.

Ce gage precieux d'vne amour fraternelle
Ne pouuoit rencontrer vn porteur plus fidelle:
Madame, aſſurez-vous qu'il luy ſera remis
Puiſque vous l'ordonnez, & que ie l'ay promis.

PARTHENIE.

Qui retient donc vos pas?

EPHESTION.

Ie veux vous reconduire.

PARTHENIE.

Pourquoy perdre du temps? vn moment nous peut nuire.
Haſtez-vous.

EPHESTION.

I'obéis.

PARTHENIE.

Qui vous peut retarder?
Carinte que voicy ſuffit a me garder.

CARINTE.

Ainsi, vous ne sçauriez aujourd'huy vous défendre
De prendre vne faueur de la main d'Alexandre.

PARTHENIE.

Ie voudrois la tenir, & ie crains seulement
Qu'il la faille achetter vn peu trop cherement.

ACTE

ACTE II.

SCENE PREMIERE.

HYTASPE, EPHESTION.

HYTASPE.

GVerrier digne d'amour aussi bien que d'enuie,
N'estoit-ce pas assez de vous deuoir la vie?
Deuiez-vous trauailler à mon contentement,
Et par cette faueur m'acquerir doublement?
Des superbes lauriers que la victoire donne
Vostre front doit porter vne double couronne,
Puisque par des vertus si rares aux vainqueurs
Vous sçauez l'art de vaincre & les corps & les cœurs.
Dieux justes ennemis des ames criminelles,
Rendez ma seruitude & ma peine eternelles,
Si pour tant de bien-faits ne pouuoir rien offrir,

*N'est de tous mes malheurs le plus rude à souf-
frir.*

EPHESTION.

*La guerre a ses Destins, vaincre est un auãtage
Où le sort contribuë autant que le courage.
Si j'eusse succombé sous l'effort de vos coups,
Vous eußiez fait pour moy ce que j'ay fait pour
vous.
Cette masle vertu, cette forte vaillance,
Ne se peut separer d'auecque la clemence:
Elle oste quelque chose au malheur des vaincus,
Et ce n'est pas leur sang qu'elle cherche le plus.
Telle que les torrens en leur cheute effroyable,
A quiconque resiste ell' est impitoyable,
Tout obstacle l'irrite au lieu de l'estonner
Mais comme elle aime à vaincre, elle aime à
pardonner.
Mon Roy sous qui la Perse est enfin tributaire,
Est de cette vertu le parfait exemplaire:
Les peuples infinis que son bras a domtez
Ont comme son courage éprouué ses bontez.
Quittez donc cet ennuy dont vostre ame est at-
tainte,
Fermez vos yeux aux pleurs vostre bouche à la
plainte,*

Et certain d'esprouuer vn vainqueur genereux,
Cessez de vous conter parmy les malheureux.

HYTASPE.

Si ma bouche à toute heure aux sanglots est ouuerte,
Ils n'ont pour leur objet mon salut ny ma perte,
Celuy qui m'a vaincu m'a reduit a ce poinct
Que ie porte des fers qui ne me pesent point,
Ma défaite est vn mal dont ie fay peu de conte,
La gloire d'Alexandre en efface la honte,
Et ie voy sans regret triompher en ces lieux
Vn Monarque sorti de la race des Dieux :
Mais helas ! Parthenie, ah ! ie meurs quand j'y pense,
Trouue dans sa fortune vn peu trop d'inconstãce.
Cette jeune beauté dont le Ciel fut jaloux
Meritoit du Destin vn traitement plus doux.
O coupable dessein funeste à ma memoire !
I'ay moy-mesme creusé le tombeau de sa gloire,
Ie l'ay fait trebucher du Trône dans les fers,
Du faiste au précipice, & du Ciel aux Enfers.

EPHESTION.

Celle dont vous jugez le sort si déplorable
Est preste à posseder vn bien incomparable,

Sa grace & sa vertu l'esleuent desormais
Où nulle autre beauté ne pretendit iamais:
C'est pour elle en vn mot qu'Alexandre souspire.
Ce Roy qui va donner des Loix a cet Empire
Les reçoit de ses yeux, & presque au mesme iour
Qu'on vous fit son captif il le fut de l'Amour.

HYTASPE à part.

Dieux! que viens-ie d'oüir, quelle estrange nou-
uelle?
Alexandre amoureux, Parthenie infidelle!
Gage de mon amour ne reuiens-tu vers moy
Qu'afin de m'annoncer qu'ell a manqué de foy?

EPHESTION.

Il en est tout surpris.

HYTASPE.

A quoy tout ce mystere
De se dire ma sœur de me nommer son frere?
Veut-elle à ma disgrace adiouster son courroux,
Et me rauir le tiltre ou d'Amant ou d'Espoux?
Vaillant Ephestion, excusez ie vous prie
Le temps que mon esprit donne à la resverie,
Au prix de Parthenie Alexandre est si grand
Qu'auec quelque raison sa flame me surprend:

Mais si jusqu'à l'aimer ce Monarque s'abaisse,
Amour de cet honneur fait un trait qui la blesse,
Pour ne paroistre pas ingrate extremement
Elle respond sans doute aux vœux de cet Amãt.

EPHESTION.

Elle ne peut qu'en vain luy faire resistance:
Mais j'apperçoy desja le Prince qui s'auance.

SCENE II.

ALEXANDRE, EPHESTION, HYTASPE.

ALEXANDRE.

ET bien, Ephestion, as-tu bien obserué
Ce que ie t'ay prescrit?

EPHESTION.

Sire, Hytaspe est trouué,
Tout rid à vos desirs, rien ne vous est contraire,
Et lors que ie songeois à frãchir pour vous plaire
Quelque extreme peril qu'il eust fallu tenter,
I'auois entre les mains dequoy vous contenter.

I'auois en mon pouuoir ce prisonnier de guerre,
Dont le bras aussi fort que l'esclat d'vn tonnerre
Fatal & redoutable aux soldats les plus fiers
Ouurit à son abord nos bataillons entiers:
Ie puis sans le flatter dire que sa vaillance
Tint seule assez long-temps la victoire en balance:
Il estoit par trois fois au combat retourné,
Mais ce Prince à la fin des siens abandonné,
Estoit prest de descendre en l'infernale barque
Quand ie vins arrester le cizeau de la parque:
Il ne resistoit plus lors que de vos soldats
I'arrestay la fureur & ie retins le bras,
Et pour vous acquerir sa vie & son seruice,
Ie rauis au Dieu Mars ce sanglant sacrifice.

ALEXANDRE.

C'est vn trait de vertu d'aider les affligez,
La tienne en le sauuant nous a tous obligez,
Et ie dois des autels à cet heureux Genie
Qui veille à conseruer Hytaspe & Parthenie:
Mais c'est trop s'amuser, il est temps de le voir.

EPHESTION.

Hytaspe, on est tout prest à vous bien receuoir.

HYTASPE.

Monarque redouté sur la terre & sur l'onde,
Qui deuez imposer des Loix a tout le monde,
Conquerant glorieux dont les exploits diuers
D'vn juste estonnement ont remply l'Vniuers,
N'attendez pas de moy qu'vne lasche priere
Sollicite aujourd'huy ma liberté premiere.
Darie est expiré, mon desir le plus fort
L'ayant aimé viuant c'est de le suiure mort.
Si le Ciel à mes vœux eust esté fauorable
Alexandre eust mis fin à mon sort déplorable,
Mais les Dieux opposez à mon noble dessein
M'ont refusé l'honneur de mourir de sa main;
I'ay recherché pourtant vne gloire si haute,
Grand Roy, ie ne crains point de confesser ma faute,
Hytaspe a redoublé son courage & ses coups
Pour se faire vn passage à donner jusqu'à vous,
Et tasche par l'effort d'vn combat legitime
D'immoler Alexandre, ou d'estre sa victime.
Ainsi, vaillant Heros, n'ayant rien merité
Qu'vn juste chastiment de ma temerité,
Si ie ne veux icy blesser vostre Iustice,
Ie ne dois esperer qu'vn rigoureux supplice.

ALEXANDRE.

Hytaspe ne crains rien, quelque secret demon
Me force à respecter la grandeur de ton nom.
Celle de qui la voix occupe tant d'oreilles
M'ayant entretenu du bruit de tes merueilles,
I'ay souhaité cent fois que le Ciel m'eust permis
De ne te conter point parmy mes ennemis :
Mais la loy dont les Dieux ont reglé nostre vie
A sans doute seruy d'obstacle à cette enuie,
Afin que ton bon-heur sous le mien expirant
Le lustre de ma gloire eust vn éclat plus grand.
Maintenant que Bellonne à tes vœux est contraire,
Change au doux nom d'amy le tiltre d'aduersaire,
Ouure toy ce chemin à la prosperité,
Et donne quelque chose à la necessité.

HYTASPE.

Cet honneur est si grand que sans vne imprudẽce
Ie n'en puis conceuoir la plus foible esperance :
Et quand à ce bon-heur ie pourrois aspirer,
Ce seroit lascheté que de le desirer,
Comme ma volonté ma puissance est bornée,
Ie ne puis retracter la foy que j'ay donnée,

Ell'est

Ell'est trop engagée, & Darie aujourd'huy
Dans vn mesme tõbeau l'enferme aucque luy.

ALEXANDRE.

Darie a succombé sous l'effort de mes armes,
I'ay regretté sa mort, j'en ay versé des larmes:
Mais autant que son nom fut digne de respect
Autant à ma grãdeur son Sceptre estoit suspect.
Vous auez satisfait Hytaspe ce me semble
Aux loix de l'amitié qui vous lioit ensemble:
Vous pouuez aujourd'huy vous donner au plus fort
Sans blesser vostre hõneur ny les Manes du mort.

HYTASPE.

Par le vœu que j'ay fait de suiure sa fortune
La rigueur de son sort me doit estre commune.

ALEXANDRE.

Vous voudriez donc le suiure en l'horreur du trepas?

HYTASPE.

Oüy, l'estat où ie suis ne m'en dispense pas.

ALEXANDRE.

Si libre de vos fers vous auiez la puissance

D'opposer à mon bras vne juste defense,
On sçait bien qu'il faudroit mourir ou le vanger,
Et ce seroit alors vn crime de changer:
Mais voir sous vn vainqueur sa franchise asseruie,
N'estre pas seulement assuré de la vie,
Voir sa sœur prisonniere, & ses Estats perdus,
N'est-ce auoir assez fait, que voulez-vous de plus?
Hytaspe croyez-moy, quittez cette pensée,
Songez au déplaisir d'vne sœur delaissée
Que vous perdriez sans doute en vous laissant perir,
Sauuez-la, sauuez-vous, mais qu'on l'aille querir,
Elle vous forcera d'accepter cet Azyle.

HYTASPE.

I'oppose à ces raisons vn effort inutile.
Grand Roy, de vos bontez les charmes sont si grands
Qu'on n'y peut resister, ie cede, ie me rends:
Mais pour bien reconnoistre vne pareille grace,
Prescriuez à ma main ce qu'il faut qu'elle fasse:
Doit elle conseruer les murailles de Tyr?
Doit-elle sous vos Loix l'Arabe assujettir,

Ou bien par des exploits d'eternelle memoire
Faire aux Scythes felons adorer vostre gloire?
Ie suis prest. Mais bons Dieux l'estrange aueuglement!
Pardonnez, grand Monarque, à ce déreglement,
Ie ne regarde pas que cet homme, qui braue,
Porte encore des fers qui le tiennent esclaue,
Et que décheu du trosne où ie soulois monter,
Ie puis faire vn dessein, & non l'executer.

ALEXANDRE.

Secondant le progrés de mes armes prosperes
Tu porteras encor le Sceptre de tes peres.
Hytaspe espere tout de ta fidelité,
Honneur, tresors, amis, couronne, liberté,
Mais ie me sens pressé contre mon ordinaire,
T'accordant ces faueurs d'estre vn peu mercenaire
Ie voudrois te prescrire vne Loy seulement.

HYTASPE.

Arbitre de mon sort, commandez hardiment,
Imposez moy des Loix les plus rudes du monde
Pourueu qu'à vos desirs ma puissance responde.
Ie conjure les Dieux de me vouloir punir

Si ie ne meurs plustost que d'y contreuenir.

ALEXANDRE.

Asseuré de ta foy si saintement promise
Il luy ceint l'épée. *I'ouure icy ta prison, ie te rends la franchise:*
Reçoy la toutefois sous la condition
De ne me quitter pas sans ma permission.

HYTASPE.

Ne vouloir qu'vne chose où le deuoir m'engage,
C'est exiger trop peu.

ALEXANDRE.

Tu pourras dauantage
Si tu veux consentir à disposer ta sœur
De m'accepter enfin pour juste possesseur:
I'aime qui me cherit, ie hay la tyrannie,
Inspire mon exemple au cœur de Parthenie,
Fay que par ton secours mon mal soit allegé,
Et ton liberateur sera ton obligé:
Si tu portes mon feu dans cette ame de roche
Ie iure, tu paslis, ah! l'ingratte s'approche,
Son cœur impatient brusle de te reuoir,
Hytaspe ie te prie vse de ton pouuoir,
Et pour me rendre tien fay que cette cruelle
Ne soit pas desormais moins sensible que belle.

SCENE III.

ALEXANDRE, PARTHENIE, HYTASPE, EPHESTION.

ALEXANDRE.

Parthenie à la fin les Dieux ont eu pitié
De mon amour extreme & de ton amitié,
Tes pleurs & mes souspirs ont fléchi leur courage,
Ils nous offrent le calme apres vn peu d'orage,
Et semble desormais que par la mesme Loy
Qu'ils te rendent ton frere ils te donnent à moy:
Mais c'est faillir icy contre la bien-seance
Que de ne rien donner à ton impatience.
Reçoy donc la faueur dont t'obligent les Cieux,
Et va porter les bras où tu jettes les yeux,
Pour accroistre la soif dont l'ardeur me tourmẽte
Presse de cent baisers cette bouche innocente,
Haste toy, qui retient ton esprit & tes pas?

PARTHENIE.

Ie voudrois obéir, mais ie ne le doibs pas,
Le respect m'en empesche, & sa chaisne est trop forte

Pour souffrir qu'à vos yeux mon amitié s'emporte :
Loüer vostre bonté, qu'on ne peut limiter,
Est le premier deuoir dont ie veux m'acquiter.
Grand Roy, permettez donc...

ALEXANDRE.

Ie te ferme la bouche.
Si de ce que j'ay fait la memoire te touche
Ie seray trop heureux que ton cœur seulement
En veuille conseruer quelque ressentiment:
Mais desia trop long-temps ma presence importune
Trouble deux volontez dont le sang ne fait qu'vne.
Va caresser ta sœur Hytaspe, & souuiens toy
D'acquitter aujourd'huy ton serment & ta foy.

EPHESTION.

Vous voyez si ie suis veritable & fidelle.
La bague...

ALEXANDRE.

Ephestion.

EPHESTION.

Mais le Prince m'appelle.
Hytaspe vous dira combien exactement
I'ay pris soin d'obseruer vostre commandement.

PARTHENIE.

Les Dieux recomoistront vne faueur si grande.

HYTASPE.

Ma Reine.

PARTHENIE.

Parle bas de peur qu'on ne t'endende.
Carinte que voylà me veille de si prés,
Complice du dessein de ce Prince des Grecs,
Qu'ell' est comme mon ombre à mes pas atta-chée.

HYTASPE.

Iustes Dieux! nostre amour doit-elle estre cachée?
Quel Tyran nous sousmet à des arrests si durs?
Vid-on jamais des feux ny plus beaux ny plus purs?
Vn Espoux...

PARTHENIE.

Ah! c'est trop, n'en dis pas dauantage,
En pensant m'obliger tu me fais vn outrage,
Croy que si nos discours peuuent estre entendus,
Ce mal est sans remede, & nous sommes perdus.

CARINTE à part.

Me tenir pour suspecte à leur intelligence,
C'est forcer mon esprit à quelque défiance.

HYTASPE.

Puisqu'aujourd'huy ce nom tout aimable qu'il est,
Au lieu de vous flatter vous trouble & vous déplaist,
Que dois-ie presumer si ce n'est que vostre ame
Se dispose à brusler d'vne estrangere flame?
Vos yeux ont allumé celle d'vn conquerant,
Tout le monde est instruit des deuoirs qu'il vous rend,
Et par combien d'efforts sa paßion extreme
Tasche de me rauir la moitié de moy-mesme.

PARTHENIE.

Dés lors que jusqu'à toy ce bruit est arriué,

Mon

Mon loüable dessein deuoit estre approuué,
Et loin de soupçonner ma constance infinie,
Tu deuois admirer le soin de Parthenie.
I'ay craint auec raison que la haine du Roy
Te sçachant mon époux n'esclatast contre toy,
Et qu'il ne voulust perdre vn Prince que j'espe-
re
Qu'il voudra conseruer sous ce doux nom de
frere:
Mais c'est trop en parler, prenons à l'auenir
Vn lieu plus fauorable à nous entretenir.

HYTASPE.

Ie brusle pour cela d'vne amour nompareille.

PARTHENIE.

Si ie puis m'eschapper de celle qui me veille,
Dans vne heure au jardin nous pourrons nous
reuoir.

HYTASPE.

Taschez de la tromper.

PARTHENIE.

I'y feray mon pouuoir. Il s'en va.

CARINTE.

Ou vos yeux sont menteurs, ou vostre ame est contente.

PARTHENIE.

Ma fortune ressemble vne Mer inconstante,
Dont le calme profond est vn signe certain
Qui presage aux Nochers vn Orage prochain.

ACTE III.

SCENE PREMIERE.

ALEXANDRE, CARINTE.

ALEXANDRE

Elas! que m'as-tu dit? tes nouuelles, Carinte,
Forment dans mon esprit vn confus labyrinte.
O Dieux! est-il bien vray que cet obiet charmãt
Feignant d'aimer vn frere idolatre vn amant?
Les pleurs qu'elle a versez dans sa triste auanture
Regardoient-ils l'Amour plustost que la Nature?
Carinte si tu peux m'esclaircir sur ce poinct,
Haste-toy de le faire & ne me flatte point.

CARINTE.

Mes yeux en ont jugé plustost que mes oreilles

Ayant bien obſerué ſes douleurs nompareilles
I'ay pû douter qu'vn frere euſt des charmes ſi forts
Qu'ils pûſſent exciter ces funeſtes transports:
Mais quand bien ce ſoupçon euſt eu moins d'apparance,
I'aurois dû le fonder deſſus leur défiance:
Car s'eſtans eſloignez leurs regards deſignoient
Combien i'eſtois ſuſpecte au diſcours qu'ils tenoient.
Hytaſpe tout rauy de l'objet de ſa flame
Sembloit faire vn effort pour exhaler ſon ame;
Parthenie au contraire arreſtoit doucement
Le cours impetueux de ce prompt mouuement,
Mais plus elle taſchoit de couurir ſon martyre,
Plus elle m'enſeignoit ce que ie viens de dire.

ALEXANDRE.

Hytaſpe n'a donc point depuis noſtre entretien
Parlé de mon amour?

CARINTE.

Non pas meſme du ſien:
Pour donner vn peu d'air à leur flame commune
Ma preſence ſans doute eſtoit trop importune.

ALEXANDRE.

Ton rapport n'a pour moy que trop de verité,
Le mépris qu'elle fait de ma fidelité,
Sa rigueur, ses souspirs, & sa douleur extréme,
Disent ouuertement c'est Hytaspe qu'elle aime
La coupable qu'ell est se mocque de mon mal,
Au mépris de ma gloire elle esleue vn riual
Qui dans son infortune à nulle autre seconde
Se peut dire pourtant le plus heureux du monde.
Mais deussay-ie appeller l Enfer à mon secours,
Ie veux de ce bon-heur interrompre le cours,
Ie veux tout employer, soins, trauaux & seruices
Pour forcer Parthenie à finir mes supplices,
Ou la trouuant rebelle à m'accorder ce bien
Faire vn mesme torrent de son sang & du mien.
Mais sans doute en ce lieu quelque dessein l'appelle,
Laisse-moy seul, Carinte, vn moment auec elle,
Il faut que mon amour fasse vn dernier effort.

SCENE II.

ALEXANDRE, PARTHENIE.

ALEXANDRE.

OV s'en va Parthenie?

PARTHENIE.

Où m'appelle mon ſort
Souſpirer mes mal-heurs, pleurer ma ſeruitude
A la faueur de l'ombre & de la ſolitude.

ALEXANDRE.

Hytaſpe retrouué vos pleurs doiuent ceſſer,
Il n'eſt point de douleur qu'il ne puiſſe chaſſer,
Ce frere tout brillant d'vne gloire infinie
A tiré du tombeau l'eſpoir de Parthenie,
Et s'il joint ſa vaillãce aux beautez de ſa ſœur,
Il peut du monde entier ſe rendre poſſeſſeur.

PARTHENIE.

Rire des malheureux quand le ſort les outrage,
C'eſt en quelque façon trahir voſtre courage,

Au poinct où nous a mis la colere des Cieux
On ne doit redouter ny son bras ny mes yeux.

ALEXANDRE.

Peut-on ne craindre point des armes tousiours
prestes
A faire sur les cœurs de nouuelles conquestes?
Non, les traits de vos yeux penetrent trop auãt,
Et pour n'estre pas craints ils blessent trop sou-
uent,
De leurs diuins appas le charme inéuitable
De tous mes ennemis est le plus redoutable:
Luy seul a pû borner le cours de mes exploits,
Et sousmettre ma gloire au pouuoir de ses loix.
Que si ma paßion vous est assez connuë
Pourquoy tant de froideur ou tant de retenuë?
Il est temps belle ingratte, il est temps de penser
A punir mes desseins ou les recompenser.
Si l'ardeur que ie sens fut iamais criminelle,
N'espargnez ny courroux ny supplices cõtr'elle:
Mais si d'vn feu tout saint mõ courage est épris,
Vostre cœur Parthenie en doit estre le prix:
C'est trop le refuser aux larmes d'Alexandre,
C'est contre ses efforts trop long-temps se defen-
dre,
Regardez ma blessure & pour ma guerison

Consultez vne fois l'amour & la raison,
Si mes justes desirs ont le bien qu'ils pretendent,
De cent Princes vaincus les trosnes vous attendent,
Vos plus simples regards seront autant de loix,
Et vos pieds fouleront les couronnes des Roix.

PARTHENIE.

Ce faiste de grandeur regarde vn precipice,
Dont l'horreur m'épouuente auec trop de justice,
Outre que pour monter à ce poinct bien-heureux
Le degré ce me semble est vn peu dangereux,
La fortune en veut trop au repos des Monarques,
Ma cheute en a donné de si funestes marques,
Que le bien le plus grand où se porte mon chois,
C'est de ne tomber point vne seconde fois.

ALEXANDRE.

Que vostre cruauté vous rend ingenieuse!
Vous craignez d'estre mienne & non pas d'estre heureuse,
Sans doute d'autres vœux vostre esprit flatteroient,
Et dans vne autre main les sceptres vous plairoient.

Quel-

Quelque rigueur du ſort, quelques perils extremes
Qui nous rendent peſant le faix des diadeſmes,
Tout ce que vous oſez de haine teſmoigner
Va droit a ma perſonne, & non pas à regner:
Mais ſi vous n'obſeruez naiſſance ny merite,
Prenez garde qu'enfin ce mepris ne m'irrite,
Ma colere pourroit eſclatter a ſon tour,
Et la force feroit ce que n'a pû l'amour.

PARTHENIE

La force le feroit, Dieux que viens-ie d'entendre?
Sont-ce là des diſcours dignes d'vn Alexandre,
De cent peuples diuers le pere & le vainqueur?
Non, la bouche a trahi les mouuemens du cœur,
Celuy qui de nos Dieux eſt la parfaite image
Ne s'abaiſſeroit pas iuſqu'a faire vn outrage,
Et qui des malheureux eſt l'Azyle & le port,
Ne voudroit pas cauſer mon naufrage & ma mort,
Le remede aſſuré de mes craintes ſecrettes
C'eſt de voir qui ie ſuis, c'eſt de voir qui vous eſtes,
Ie connois quelles loix m'impoſe mon deuoir,
Et ſçay que vos vertus paſſent voſtre pouuoir.

Plustost que de souffrir qu'vne action si noire
Imprimast quelque tache au lustre de leur gloire
Si leurs sages conseils ne la détournoient pas
Elles appelleroient le secours de mon bras,
Qui plein d'vne fureur digne d'estre suiuie
Finiroit d'vn seul coup vos desseins & ma vie.

ALEXANDRE.

Vous pouuez empescher qu'vn Monarque irrité
Ne se porte iamais à cette extremité,
S'il a des qualitez dignes de vostre estime
Ne les méprisez plus, deschargez vous d'vn cri-
me
Qui pourroit tost ou tard vostre gloire ternir
Et que les Dieux seroient obligez de punir,
Vous auez le secret de lire dans mon ame,
Vous sçauez que vos yeux ont allumé ma flame,
Ne me refusez pas quelque soulagement,
Que ie baise vne fois cette main seulement.
Appaisez....

PARTHENIE.

Ah! c'est trop, qu'osez-vous entreprendre?
Vostre honneur & le mien vous le doiuent défen-
dre,
S'il faut de vostre flame esteindre les ardeurs

Employez-y grand'Prince ou mon sang ou mes pleurs.
Qu'est deuenu le soin de vostre renommée?
Où sont ces actions de vertu consommée
Dont vous sçauez fonder le repos d'vn Estat?
Les voulez-vous soüiller par ce lasche attentat?
Ah! montrez ce que peut vne valeur extreme,
Ayant vaincu par tout triomphez de vous-mesme,
C'est peu que de sçauoir dompter les nations
Si l'on ne sçait aussi dompter ses passions.
Quels plus dignes lauriers...

ALEXANDRE.

C'est assez inhumaine
Par vn discours flatteur entretenir ma peine,
Oppose ouuertement ta haine à mon bon-heur
Sans couurir tes mépris d'vn pretexte d'hōneur.
Ie sçay quel est l'autheur des chaisnes qui te liēt,
Ie connois le dessein que tes larmes paslient,
Et le secret demon qui force ta beauté
A payer mon amour de tant de cruauté,
Oüy, sans m'expliquer mieux dessus ton imposture;
Ton adresse n'a pû me cacher ta blessure,
De ton cœur embrazé le feu brille au dehors,

Et ton ame est esclaue aussi-bien que ton corps:
Mais quelque doux espoir qui flatte Parthenie,
Ie ne laisseray point son offense impunie,
Ie veux que mon courroux d'heure en heure croissant
Pour perdre le coupable attaque l'innocent,
Puisqu'à mes justes vœux cet obstacle s'oppose
D'vn si fascheux effet ie destruiray la cause,
Ma haine & ma fureur regneront à leur tour,
Et l'autheur de mes nuits ne verra plus le iour;
Alors tu conceuras des desseins infertiles,
Ton ame sentira des remords inutiles,
Et rongée au dedans d'vn déplaisir secret
Quand ie mourray d'amour tu mourras de regret.

PARTHENIE.

Appaisez justes Dieux tant d'horribles tempestes,
Et destournez le coup qui menace nos testes,
Ou si vostre justice en ordonne autrement
Exposez au peril la mienne seulement,
Conseruez mon espoux, mais d'où vient qu'il neglige
De tenir la parolle où son amour l'oblige?
Quelles difficultez peuuent le retenir?
Ah! mon œil me deçoit, ou ie le voy venir.

SCENE III.

HYTASPE, PARTHENIE.

HYTASPE.

Vous m'auez preuenu, belle & sage Princesse,
Mais vous ne deuez pas m'accuser de paresse,
I'ay bien eu de la peine à pouuoir euiter
D'estre veu d'Alexandre.

PARTHENIE.

Il vient de me quitter
Assez mal satisfait.

HYTASPE.

I'ay veu sur son visage
D'vne forte douleur le puissant tesmoignage,
La colere rendoit son aspect furieux,
Et comme s'il eust eu des esclairs dans les yeux
Chasque trait qu'ils lançoient soit au Ciel, soit en terre,
Portoit de sa fureur l'effroyable tonnerre.

PARTHENIE.

Il eſt preſt d'adjouſter pour vn acte inhumain
Aux eſclairs de ſes yeux les foudres de ſa main:
Mais helas s'il te reſte vn deſir de me plaire,
Dérobons-nous, Hytaſpe, au feu de ſa colere,
Preuenons le deſſein qu'il a fait contre nous.

HYTASPE.

Alexandre eſt clement.

PARTHENIE.

Alexandre eſt jaloux:
Oüy, ſçaches que l'amour dont ſon ame eſt atteinte,
Toute aueugle qu'ell'eſt a découuert ma feinte,
Et qu'il ne ſonge plus qu'à s'armer contre toy
Pour vanger le mépris que i'ay fait de ſa foy.

HYTASPE.

Dans le coupable effet d'vne telle penſée
Sa generoſité ſe trouueroit bleſſée,
Et ſa gloire mourroit ſi ſon cœur abbatu
Laiſſoit regner ſa flame où regne ſa vertu.

PARTHENIE.

Ah! que dans vn malheur ſi plein de violence

PARTHENIE.

Tu flattes mon esprit d'vne foible esperance,
Et que tu fondes mal ton repos & le mien,
Sur vn desesperé la vertu ne peut rien,
Cette diuinité l'ébloüit ou l'estonne,
Et son oreille est sourde aux cōseils qu'elle donne.

HYTASPE.

Et bien, si son dessein ne se peut diuertir,
Quel remede employer pour nous en guarantir?

PARTHENIE.

La suitte.

HYTASPE.

En quel climat? nos terres desolées
A la fureur de Mars sont toutes immolées.

PARTHENIE.

Le reste des mortels n'est pas encor sousmis,
Cependant qu'Alexandre aura des ennemis
Ne desesperons pas de trouuer vn Azyle
Où pour nostre salut ton bras puisse estre vtile:
Fuyons, rien ne s'oppose au bien que ie pretends,
Et nous auons pour nous la Iustice & le Temps.
Qu'attendons-nous, Hytaspe?

HYTASPE.

Aimable Parthenie
Vous joüissez d'vn bien que le Ciel me denie,
Vous pouuez eschapper sans trahir vostre foy:
Mais cette liberté ne vient pas iusqu'à moy:
Si mes fers sont rompus ma parolle me lie,
Et vostre volonté ne peut estre accomplie
Si le Prince ne donne à mon esloignement
Ou sa permißion ou son commandement.

PARTHENIE.

Pourquoy?

HYTASPE.

Ie l'ay iuré.

PARTHENIE.

Serment illegitime,
Tu l'as fait sans raison, tu le rõpras sans crime,
Tu doibs trop à l'Amour, & ce premier vain-
queur
Engagea ta parolle außi-bien que ton cœur.

HYTASPE.

Il est vray que pour luy j'oserois toute chose,

Ie

Ie voudrois seulement que les loix qu'il m'impose
Pûssent me dispenser de celles de l'honneur,
Mais helas!

PARTHENIE.

Ne mets plus d'obstacle à mon bon-heur,
Et si tu ne me crois indigne d'estre aimée,
Méprise pour me plaire, vne vaine fumée:
Hytaspe, cet hõneur n'est rien qu'vn peu de vent,
Vn bien imaginaire, vn appas deceuant,
Qui par l'oppreßion d'vn vainqueur redoutable
Nous fera succomber sous vn mal veritable.

HYTASPE.

Quelque fascheux destin qui menace mes jours
Ie n'en puis arrester ny diuertir le cours,
I'aime mieux esprouuer la Fortune ennemie
Que de m'en guarantir par vn trait d'infamie:
En vn mot cet honneur m'est vn charme si fort,
Que l'auoir est ma vie, & le perdre est ma mort.

PARTHENIE.

Espoux dénaturé, puisque c'est te déplaire
Que de te proposer vn conseil salutaire,
Prepare de bonne heure, & ton cœur & tes yeux

Aux lasches attentats d'vn amant furieux,
Verras-tu sans mourir de regret & de honte
Qu'Alexandre pressé de l'ardeur qui le dompte,
Forçant ma resistance aussi-bien que ma foy,
Triomphe de ta gloire en triomphant de moy?
Verras-tu sans horreur les apprests effroyables
Que ce tyran destine à ses desseins coupables?
Il appelle vn complice, il est a mes costez,
Desia de mille nœuds mes bras sont arrestez,
Et dans moins d'vn moment son impudique bouche
Va soüiller ma pudeur & profaner ta couche.

HYTASPE.

Pour euiter ce mal justement soupçonné,
Pratiquez le conseil que vous m'auez donné,
Fuyez de ce climat, & des mains d'vn barbare
Arrachez le tresor d'vne beauté si rare:
Si le Prince offensé murmure contre vous,
C'est à moy d'essuyer les traits de son courroux,
Et si dans son esprit vostre fuitte est vn crime,
Il faut pour l'expier que ie sois sa victime.

PARTHENIE.

Que ie parte sans toy ne le presume point,
Dessus ma volonté tu peux tout hors ce poinct,

Serois-je dans le port & toy dans le naufrage?
I'ay trop pour le souffrir d'amour & de courage,
Vn projet glorieux que mon ame conçoit
M'attache à ton destin quelque estrange qu'il soit:
Si le Prince entreprend de me faire vne injure,
Par nos sacrez autels, par toy-mesme ie jure
Que si ie puis cacher vn poignard dans mon sein,
Mon trespas preuiendra son coupable dessein.

HYTASPE.

Sans troubler vostre esprit d'vne image funeste,
Pour finir vos malheurs vn remede vous reste.

PARTHENIE.

Quel?

HYTASPE.

D'accorder aux vœux de ce nouuel amant
Le prix que sa valeur merite justement.
Ce qu'obtint mon amour donnez-le à sa fortune,
Nostre hymen n'est pour vous qu'vne chaisne importune
Que vous deuez briser pour vous mettre en repos.

PARTHENIE.

Ah cruel! qui t'inspire vn si fascheux propos?

Croy-tu que Parthenie ait le cœur assez lasche
Pour faire à son honneur cette honteuse tasche?

HYTASPE.

Pourquoy-non? cet honneur n'est rien qu'vn peu
de vent,
Vn bien imaginaire, vn appas deceuant.

PARTHENIE.

N'en dy pas dauantage, Hytaspe tu te vanges,
Tu sçais me surmonter par des moyens estrãges:
Enfin, à tes raisons ie n'oppose plus rien,
Sauuons également ton honneur & le mien,
Et ne souffrons iamais qu'a[illegible] une flestrissure
Ternisse la beauté d'vne chose si pure:
Mais qui vient?

HYTASPE.

C'est Lycandre.

SCENE IV.

LYCANDRE & quelques Gardes, PARTHENIE, HYTASPE.

LYCANDRE.

AVancez quelques pas.

PARTHENIE.

Ie tremble.

LYCANDRE.

Soyez prests, mais ne le touchez pas.
Ne me condamnez point, Hytaspe, si ie trouble
Vn si doux entretien.

PARTHENIE.

Dieux! ma crainte redouble.

LYCANDRE.

Le Roy m'a commandé de me saisir de vous.

PARTHENIE.

Ah dangereux effet d'un injuste courroux!

HYTASPE.

De moy, qu'ay-ie commis, qu'est-ce donc qu'il m'impute?

LYCANDRE.

C'est vn ordre prescrit qu'il faut que j'execute,
Si vous y resistez, ce ne sera qu'en vain,
I'ay la force pour moy.

HYTASPE

Ce n'est pas mon dessein,
Pourueu que mon trespas borne son injustice,
Allons où vous voudrez, en prison, au supplice.

PARTHENIE.

M'abandonner si tost, quel surcroist de malheur,
Hytaspe?

HYTASPE.

Pardonnez à ma juste douleur,
Ce coup inopiné trouble ma fantaisie,
Et fait l'aueuglement dont mon ame est saisie:
Mais n'en augmentez pas l'excessiue rigueur,
Et si quelque pitié regne dans vostre cœur,
Ne laissez pas noyer au torrent de vos larmes

Ce que vous possedez & d'appas & de charmes.
Pourquoy tant de regrets puisqu'ils sont superflus?
De grace...

PARTHENIE.

C'en est fait, ie ne te verray plus.
Cessons de nous flatter, ta perte est assurée,
Vn Prince, ah! qu'ay-ie dit? vn tyran l'a iurée,
Vn tyran qui bien-tost pour me combler de deuil
Fera de ta prison ton funeste cercueil:
Mais si mes pleurs versez auec tant de iustice
Peuuent de sa fureur corrompre le complice,
Receuez le present que vous offrent mes yeux
Lycandre, & destournez ce coup pernicieux,
Ou si de vous flechir ils n'ont pas la puissance,
Si vostre main fatale en veut a l'innocence,
Prenez, prenez ces bras, & les chargeant de fers,
Traisnez-moy s'il le faut iusques dans les Enfers,
Ie mourray de regret pourueu qu'Hytaspe viue.

LYCANDRE.

Ne pouuant soulager vostre peine excessiue,
Ie la plains, Parthenie, & voudrois que le Roy

Euſt donné cette charge à tout autre qu'à moy,
Mais il faut obeir, & le temps qu'on differe
Bien loin de l'appaiſer peut aigrir ſa colere:
C'eſt vn mal infaillible où vous deuez pour-uoir,
Et ne m'accuſer pas ſi ie fay mon deuoir.

HYTASPE.

Et bien il faut partir.

PARTHENIE.

Ah cruelle ſentence!

HYTASPE.

Adieu ma chere vie, arme toy de conſtance,
Et montre ie te prie en cette extremité
Vn courage plus grand que ton aduerſité:
Chaſſe de ton eſprit ces matieres funebres,
Meſle vn peu de clarté parmi tant de tenebres,
Conſole-toy, mon ame, & pour nous voir con-tents,
Eſpere quelque choſe ou du Ciel ou du temps.

PARTHENIE.

Ta raiſon me propoſe vn conſeil impoßible,
Ce dernier accident me trouue trop ſenſible,

La

La mort est le seul bien que ie puis desirer,
Et mon salut consiste à n'en point esperer.
Desia parmi les morts ton ombre me conuie
De tesmoigner pour elle vn mépris de la vie,
Et mon cœur que le iour commence de lasser,
Est tout prest de la suiure ou de la deuancer.

HYTASPE.

Ah! ma chere moitié, quitte cette pensée,
Tout mon corps en fremit, mon ame en est bles-
sée,
Tu redoubles ma peine au lieu de la guerir,
Et ta seule douleur me peut faire mourir.

PARTHENIE.

Ie n'en parleray plus, adieu, ie te conjure
Si j'ay pû te fascher d'oublier mon injure,
Et si j'ay trop ici montré d'affliction,
Excuse ma foiblesse ou mon affection.
Va-t en, ie n'en puis plus, ma constance abba-
tuë
Cede au cruel effort du regret qui me tuë.

HYTASPE.

Adieu mon ame.

PARTHENIE.

Adieu pour la derniere fois,
Ie perds en te perdant & la force & la voix.

HYTASPE.

Trop fidelle compagne à mes desirs rauie!
Comme tu perds la voix, que ne perds-ie la vie?

ACTE IV.

SCENE PREMIERE.

EPHESTION.

C'est trop, n'y pensons plus, le sort en est
jetté,
Alexandre se plaist dans sa captiuité,
Et du mal qu'il ressent, la rigueur violente
Rend comme mes conseil sa raison impuissante:
Son amour seulement occupe ses esprits,
Et comme si la gloire attiroit son mépris
Tant de fameux desseins formez contre l'Asie
Cedent à la fureur dont son ame est saisie!
Pestes des nations, meres des laschetez,
Vous perdez ce Monarque infames voluptez,
Et pour vn vain plaisir où sa flame se fonde,
Vous allez luy rauir la conqueste du monde.
Dieux dont la sage main regle cet Vniuers,
Arrachez le bandeau dont ses yeux sont cou-
uerts,

Et puiſque ſa valeur, ſon merite & ſa race,
Luy promettent au Ciel vne ſuperbe place,
Grands Dieux ne ſouffrez pas qu'il perde à l'a-
uenir
Le rang que parmi vous ſa vertu doit tenir:
Il en eſt menacé, deſia ſa violence
Attaque vn innocent, mais Lycandre s'auance.

SCENE II.

EPHESTION, LYCANDRE.

EPHESTION.

ET bien que fait Hytaſpe?

LYCANDRE.

Il ſouſpire, il ſe plaint.

EPHESTION.

La plainte eſt legitime à qui ſouffre & qui
craint.

LYCANDRE.

On voit ſes déplaiſirs tracez ſur ſon viſage

Par les pleurs que l'Amour desrobe à son courage,
Et ie tiens qu'à l'oüir, il n'est cœur de rocher
Qui de quelque pitié ne se laissast toucher.

EPHESTION.

Ie croy que la rigueur des peines qu'il endure
Verseroit la pitié dans l'ame la plus dure:
Ie suis jusqu'au mourir touché de son ennuy,
Mais ie plains Alexandre encore plus que luy,
Hytaspe, quoy que fasse ou la haine ou l'enuie,
Ne peut perdre l'honneur quand il perdroit la vie;
Au contraire le Roy de ce crime noirci
Peut en perdant le iour perdre l'honneur aussi.

LYCANDRE.

Vous y rapporterez le secours necessaire.

HYTASPE.

Oüy, si le Roy veut suiure vn conseil salutaire.

LYCANDRE.

Si vous l'entreprenez, vous en viendrez à bout,
En vn mot, c'est de vous qu'Hytaspe espere tout,
Il m'a dit, le quittant, trop fidelle Lycandre

Si i'ose en cet estat quelque grace pretendre,
Faites que d'vn ami le pouuoir inuoqué
Combatte le malheur dont ie suis attaqué:
Ie sçay qu'Ephestion à mes peines sensible
Pour me voir soulagé tentera l'impoßible,
Empruntez seulement la voix de mes douleurs,
Et portez jusqu'à luy mes souspirs & mes pleurs:
S'il voyoit toutefois ma perte resoluë
Par le decret fatal d'vne bouche absoluë
Qu'à ce fascheux torrent il me laisse emporter
De crainte de se perdre en voulant m'aßister,
Sa fortune est trop belle & trop considerable
Pour vouloir l'attacher à mon sort miserable:
Bien loin de lui prescrire vne si dure loy,
Qu'il sauue Parthenie il fera trop pour moy:
A ce mot ses sanglots ont couppé sa parolle.

EPHESTION.

L'espoir qu'il a conceu ne sera point friuole,
Ie n'auray plus du Roy l'oreille ny le cœur,
Ou la peine d'Hytaspe aura moins de rigueur.
Precieux interest d'honneur & de justice!
Si ie combats pour vous aidez-moy dans la lice,
Et faites qu'Alexandre oppose vainement
Aux raisons d'vn ami les fureurs d'vn Amant:

Mais ie le voy paroistre, ah que sa contenance
Donne de son transport vne forte apparance!
La colere animant & son geste & ses yeux
Il bat du pied la terre, il menace les Cieux.
Laissez-nous seuls, Lycandre, il est temps que j'essaye
De mettre vn appareil sur sa cuisante playe,
Et que pour m'acquitter d'vn fidelle deuoir
I'employe à la guerir ce que j'ay de pouuoir.

SCENE III.

ALEXANDRE, EPHESTION.

ALEXANDRE.

QVelle flame jamais eut plus de violence?
Amour peux-tu regner auec tant d'insolence?
Et faut-il que surpris de ton aueuglement
Comme sans liberté ie sois sans jugement?
Ah! sortons de prison, rompons nos dures chaisnes,
Ne parlons plus d'amour, de souspirs ny de gesnes,

Il eſt temps qu'Alexandre appris à triompher,
N'embraſſe ce tyran qu'afin de l'eſtouffer:
Außi-bien quel remede au mal que ie ſupporte?
Que peuuent les deſirs quand l'eſperance eſt morte?
Si l'ingratte me hait, il faut faire vn effort,
Loin de parler d'amour ne parlons que de mort,
Et par vn changement außi juſte qu'eſtrange
Faiſons qu'vn deſeſpoir la puniſſe & me vange:
Mais inutilement j'auance ces propos,
Cette Reine des cœurs fatale à mon repos,
Se preſente à mes yeux ſi parfaite & ſi belle,
Que ie ſuis criminel ſi ie ne meurs pour elle!
Il en faut triompher: forçons, mais prõptement,
Quelque obſtacle qui nuiſe à mon contentement.
A tous ces vains reſpects ie veux eſtre inſenſible,
Et ie dois tout oſer puiſque tout m'eſt poßible.

EPHESTION.

Ie n'ay pour eſtre veu qu'à faire vn peu de bruit.

ALEXANDRE.

Ah! cher Epheſtion, où me vois-tu reduit?
D'vn deſir forcené, victime déplorable
Ie ſouſpire, ie meurs, tout me nuit, tout m'accable,

Outre

Outre mille accidens qui troublent mon dessein
La jalouse fureur qui deuore mon sein
D'amour & de dépit doublement agitée,
Fait du cœur d'Alexandre vn cœur de Promethée.

EPHESTION.

Vous aimez à nourrir ce vautour deuorant,
Et bien loin d'euiter vn peril apparant,
Oublieux des desseins ou l'honneur vous engage,
Vous adorez l'escueil où vous faites naufrage.
Sans ce charme cruel qui vous semble si doux,
Vous seriez seulement de la gloire jaloux,
Vous languiriez pour elle, & vos vertus insignes
Seroient de vostre amour les objets les plus dignes:
Mais pour nostre malheur les Destins ont permis
Qu'vn trait d'œil plus puissant qu'vn monde d'ennemis,
Fasse par vn succes qu'ils ne pouuoient pretẽdre
Qu'Alexandre aujourd'huy cesse d'estre Alexandre.

ALEXANDRE.

Il est vray, les regards dont ie suis enchanté

M'ont osté la raison comme la liberté,
Et leur pouvoir iniuste autant qu'il est extreme,
Fait qu'en cet accident ie ne suis plus moy-mesme :
Toutesfois, cher Amy, ne m'abandonne pas,
Preste-moy ton secours, sauue-moy du trespas.
Mais tresue de conseils, car le mal qui me touche
A besoin de ta main, & non pas de ta bouche.

EPHESTION.

De ma main! que peut-elle afin de vous guerir?

ALEXANDRE.

Ie t'en laisse le Iuge, Hytaspe doit perir,
Sa vie est vn obstacle au bien que ie desire,
Et sans doute l'objet pour lequel ie souspire,
Me laissera cueillir le fruit de mon amour
Destors que ce riual aura perdu le iour.

EPHESTION.

Vous ne sçauez donc pas iusqu'où vinent les flammes
Qu'vne amour legitime allume dans les ames?
Elles naissent d'vn feu si durable & si beau
Qu'il garde sa chaleur mesme dans le tombeau.

Sire, pardonnez-moy si ie tiens ce langage,
Vous esperez en vain que sa mort vous soulage,
Parthenie a [illegible] Hytespe sçauant
L'autre n'estant plus [illegible] aimé viuant :
Mais si m'en informer ne me rend trop coupable,
De quel crime si noir le jugez-vous capable?
Qu'a-t'il fait qui merite vn pareil traitement ?

ALEXANDRE.

Vn ennemy ne peut mourir que justement.

EPHESTION.

S'il le fut autrefois, il a perdu ce tiltre,
Vous en auez esté le tesmoin & l'arbitre,
Quand vous l'auez fait libre, il s'est fait vostre amy.

ALEXANDRE.

Cet ingrat qui ne tient son serment qu'à demy,
Deuoit en ma faueur fléchir cette insensible.

EPHESTION.

Helas! dites plustost qu'il deuoit l'impossible,
Il faudroit qu'vn mortel entreprist desormais
Ce que mesme les Dieux n'entreprendront iamais :

Forcer la volonté, c'est ce que n'a pû faire
Des plus fameux Tyrans l'amour ny la colere.

ALEXANDRE.

Ta responſe me porte au comble de mes vœux,
Ceſſe donc de t'armer contre ce que ie veux,
Rien ne ſçauroit me vaincre, il faut qu'Hytaſpe meure,
Si tu veux m'obliger défay m'en de bonne heure.

EPHESTION.

Moy, Sire, ah quel Arreſt, & quel commandement,
Que ie ſois de ſa mort le fatal inſtrument,
Que ma main criminelle en faiſant cet outrage
Bleſſe vn corps innocent, deſtruiſe mon ouurage,
Et qu'à vos paſſions trop fidelle éprouué
Ie perde vn malheureux apres l'auoir ſauué!

ALEXANDRE.

C'eſt aſſez conteſté, i'ay tort, ie le confeſſe,
De chercher vn effort où regne la foibleſſe,
Hytaſpe eſt plus que moy digne de ton ſecours:
Mais conſidere bien le danger que tu cours,
Il mourra, ie le iure, & ſa triſte infortune
A qui ne m'obeït ſe peut rendre commune:

Pour en venir à bout Cratere m'aidera,
Et ce que tu ne peux ton riual le sera.

EPHESTION.

Que vostre Majesté contre moy ne s'irrite,
Cratere a plus que moy de faueur, de merite :
Mais touchant le respect que l'on doit vous porter,
Nul homme contre moy ne le peut disputer,
Que ce soin desormais vostre esprit n'importune.
Ie luy veux immoler deux victimes pour vne. à part.
Ie vay, puisqu'il vous plaist, voir Hytaspe en prison,
Et luy donner le choix du fer ou du poison.

ALEXANDRE.

Va, ne differe point, rends-moy ce bon office,
Et des qu'il sera mort, fay qu'on m'en aduertisse. Il s'en va

SCENE IV.

ALEXANDRE, PARTHENIE, CARINTE.

ALEXANDRE.

Mais voicy Parthenie, il faut la preparer
A supporter le coup qui les doit separer.

PARTHENIE.

Ie ne viens pas icy, redoutable Monarque,
Pour fléchir vos rigueurs ny celles de la Parque,
Mais bien pour demander ce qu'Hytaspe a commis
Pour avoir Alexandre & les Dieux ennemis :
S'il a mis quelque obstacle au progres de vos armes,
Vous auez accordé son pardon à mes larmes,
Et joignant les bien-faits à la compassion,
Vous auiez coronné cette belle action.
Pourquoy changer si tost, quelle offense nouuelle
Le rendant criminel vous doit rendre infidelle?
Si l'on peut violer la parole des Roix,
Il ne faut plus de Dieux, il ne faut plus de Loix.

ALEXANDRE.

Parthenie, vn blaspheme accõpagne ta plainte,
Sçaches que ma parolle est si ferme & si sainte,
Que ie mourrois plustost que de mesler iamais
La moindre perfidie a ce que ie promets :
Ta feinte m'offusquant d'vne fausse lumiere,
Et des Dieux & des Loix se moqua la premiere.
Moy ie n'ay pu faillir, car ma foy seulement
A regardé ton frere & non pas ton amant :
Mais jusqu'ou ton amour enfin s'est emportée?
D'vn Prince malheureux ell a fait vn Prothée,
Tu ne peux le nier puisque ce fauori
Se trouue en mesme iour frere, amant & mari.

PARTHENIE.

Il est temps d'esclaircir le doute qui vous reste,
Il est temps qu'vn discours veritable & funeste
Vous fasse confesser que vostre jugement
Auec trop de rigueur blasme ce changement.
Ie tairay les sujets d'où nasquit cette flame
Qu'Hytaspe ressentit & qui brusla mon ame,
Ie diray seulement que nos peres amis
Nous virent sans regret l'vn à l'autre sousmis:
Comme ils auoient dessein d'vnir en nos person-
nes

Deux peuples diuisez, sous deux grandes Coronnes,
Quelques Ambassadeurs deputez entre nous
Firent dans peu de temps d'vn Amant vn Espoux.
Ah cruel souuenir! ô douleur qui me tuë!
Nous attendions le iour pris pour nostre entreueuë
Quand vos fiers escadrons qui semblerẽt voler,
Vindrent à l'impourueu nos Estats desoler,
Nos peres attaquez se mirent en defense,
Mais leur mort consomma toute nostre esperance,
Et ce que pûst Hytaspe en ce malheur pressant,
Ce fut de rechercher quelque Azyle puissant:
Tout boüillant de l'ardeur de vanger sa patrie,
Il me fit aduertir qu'il alloit chez Darie,
Ie l'y suiuis de pres, mais ce Roy genereux
N'a pas eu contre vous vn succes plus heureux.
Ie ne parleray point de sa mort auancée,
Ce fascheux souuenir blesse vostre pensée.
Il suffit que le sort contraire a nos desseins
A fait tomber Hytaspe & sa femme en vos mains,
De peur que comme Espoux il n'excitast l'enuie
I'ay feint d'estre sa sœur pour conseruer sa vie.

Voylà

Voylà dans peu de mots comment ce fauori
Se trouue en mesme iour frere, amant & mari.

ALEXANDRE

Ce seroit offenser les loix de la Nature
De ne déplorer point vne telle auanture.
Le glorieux effort qu'a fait vostre amitié
Est digne également d'excuse & de pitié :
Mais si dans le combat quelque main valeureuse
Eust couppé de ses iours la trame malheureuse,
Veufue aussi-tost que femme eussiez-vous rejetté
Les vœux que mon amour offre à vostre beauté.

PARTHENIE.

Si l'Astre qui preside au sort de Parthenie
L'eust d'vn malheur pareil affligée ou punie,
Son juste desespoir eust bien-tost effacé
Les traits dont vostre cœur a feint d'estre blessé.

ALEXANDRE.

Ie l'ay feint, ô rigueur du tout insupportable !
La peine que ie sens n'est que trop veritable.
Esprit malicieux, c'est toy-mesme qui feins
De ne connoistre pas le mal dont ie me plains:

ALEXANDRE.

Il s'est frappé lui-mesme?

LYCANDRE.

Auec tant de courage
Que nul homme iamais n'en montra dauãtage.
Si ie mesle, a-t'il dit, au moment que ie meurs
A des ruisseaux de sang quelques gouttes de pleurs,
Les Dieux me sont tesmoins que ma peine infinie
Ne vient que du regret de quitter Parthenie:
Pour elle seulement ie me plains de mon sort,
Dieux soyez lui plus doux, à ce mot il est mort.

ALEXANDRE.

N'en fay point de semblant, il faut que ie mesnage
Aupres de Parthenie vn si grand auantage.

PARTHENIE s'approchant d'Alexandre.

SIRE, si vostre cœur est vn cœur de rocher,
Si les vœux que ie fay ne vous peuuent toucher,
Si pour mettre vn obstacle à nos desirs fidelles
Hytaspe doit porter des chaisnes eternelles,

Au moins pour satisfaire aux loix de mon deuoir,
Que ie puisse vne fois lui parler ou le voir.

ALEXANDRE.

Vous formez, Parthenie, vn desir impossible.

PARTHENIE.

Pourquoy?

ALEXANDRE.

Ce cher Amant trop foible ou trop sensible...
Le diray-ie?

PARTHENIE.

Acheuez.

ALEXANDRE.

Lassé de ses mal-heurs
A cherché dans la mort la fin de ses douleurs,
Et sa perte sans doute vn peu precipitée
Vous rend la liberté qu'il vous auoit ostée.

PARTHENIE.

Mon Hytaspe n'est plus? ô Dieux qu'ay-ie entendu!

Injuste traitement justement attendu!
O supplice, ô martyre, ô tyrannie extreme!
Mon Hytaspe n'est plus.

ALEXANDRE.

N'en blasmez que lui-mesme,
Sa main a fait le coup.

PARTHENIE.

Ah! ie ne le croy pas
On doit à ta vengeance imputer son trépas,
Il n'eust osé sans moy disposer de son ame
Il est mort par le fer, le poison ou la flame,
Et pour le voir gemir sous des tourmens nou-ueaux,
Ta coupable fureur a trouué des bourreaux:
Mais quoy qu'il ait senti les effets de ta rage,
Ta colere n'a pas acheué son ouurage,
Il faut m'oster le iour, il faut m'ouurir le flanc,
Et noyer tes desirs dans les flots de mon sang.
Quel respect te retient, quelle crainte t'arreste?
A cet acte sanglant ta main doit estre preste.
Cruel si jusqu'ici tes amoureux efforts
N'ont pû blesser mon ame, au moins blesse mon corps.
Pourquoi recules-tu? le remords qui t'opprime

Cherche en vain des raisons pour déguiser ton crime.
Tu ne peux euiter vn reproche eternel
Puisqu'vn Prince innocent est mort en criminel.
Poursuy ton attentat, & franchis toute honte,
Porte jusques au bout la fureur qui te domte,
Et tasche en me perdant de perdre à l'auenir
De ce double forfait le fascheux souuenir.
Ou si ton bras puissant en victoires fertile
Dédaigne de s'armer contre vn sexe imbecille,
Remets-moy ce dessein, laisse-le moy tenter,
I'ay du cœur pour le faire & pour l'executer ;
Mais souffre auparauant qu'vn des tiens me presente
De mon Hytaspe mort la dépoüille sanglante,
Que ie puisse attacher sur ce corps glorieux
Et ma bouche à sa bouche, & mes yeux à ses yeux :
Que luy cõmuniquant quelques restes de flame,
Ie souffle dans son corps la moitié de mon ame ;
Afin qu'il puisse au moins soulager mon desir,
Et pour dernier Adieu me donner vn souspir.

ALEXANDRE.

Pourquoy vous presenter cet objet déplorable ?
Ce seroit a dessein vous rendre miserable,

Perdez-en le desir aussi-bien que l'espoir.

PARTHENIE.

Quoy? ie n'auray donc plus le plaisir de le voir.
Ah! ie l'auois bien dit, cruelle prophetie
Trop tard apprehendée & trop tost réussie,
Ie ne le verray plus, ah dangereux Amant!
Tu crains de me montrer ce corps pasle & fumãt,
De crainte qu'à mes yeux sa blessure n'exprime
Par des traits tous de sang la grandeur de ton crime:
Mais Hytaspe au defaut de mes regards brusl ãs
Reçoy de mes transports les effets violens.
Beau corps dont Parthenie auoit fait son idole,
Reçoy, reçoy les pleurs que son amour t'immole
Sur vn sein, qui blessé de mille coups mortels,
Se change pour ta gloire en deux rouges autels.
Ah! ne va point sans moy dans les plaines d'Elize,
Chere image des Dieux que les Dieux ont reprise,
Attends-moy, s'il te plaist, belle ame & si tu veux
Des nœuds pour t'arrester, fais-en de mes cheueux,
Tu ne languiras point sur le riuage sombre,

Tu

Tu me verras bien-toſt ſeruir d'ombre à ton ombre,
Ie n'iray pas bien loin pour trouuer le trépas,
I'ay dequoy.

ALEXANDRE.

Parthenie!

PARTHENIE.

Ah! ne me touche pas,
Tes mains comme ton cœur de pitié dépoüillées,
Semblent du ſang d'Hytaſpe encor toutes ſoüillées.
Mais c'eſt trop diſcourir, le iour me fait horreur,
Suiuons les mouuemens de ma juſte fureur,
Mourons.

CARINTE.

Que faites-vous?

ALEXANDRE.

Vn poignard?

PARTHENIE.

Ah cruelle
M'empeſches-tu de ſuiure vn amant ſi fidelle?

ALEXANDRE.

Arrachez-luy ce fer.

PARTHENIE.

Pourquoy lasche inhumain?
Il faut que ie le plonge en ton coupable sein,
C'est pour vn si beau coup que ma main s'est armée,
Et l'horrible transport dont ie suis animée
Ne tend qu'à me vanger d'vn tyran forcené,
D'vn brutal, d'vn parjure indigne d'estre né.
Perfide penses-tu que le Ciel ne punisse
Au defaut de mon bras ton extreme injustice?
Barbare, scelerat, esprit trop abbatu,
Infidelle à ta gloire, & traistre à ta vertu,
Ne croy pas eschapper à ma juste vengeance,
Ie prendray mieux mon temps.

ALEXANDRE.

O Dieu quelle insolence
Me menacer de mort! ostez-la de mes yeux,
C'est prudence de craindre vn esprit furieux,
Il est temps de punir cette ame parricide,
C'est trop chercher l'amour où la haine reside,
C'est trop long-temps gemy, c'est trop sollicité

Vn cœur inexorable, vne ingratte beauté,
La Iustice à l'Amour viẽt d'arracher les armes,
Ie demande son sang pour le prix de mes larmes,
Son dessein est connu, son crime est aueré,
Sus que son chastiment ne soit plus differé,
Et que pour la punir & pour me satisfaire
On luy fasse souffrir vn supplice exemplaire.
Hastez-vous, qu'elle meure.

PARTHENIE.

Heureuse inuention,
Lycandre obeïssez, saoulez sa paßion,
Ce tragique spectacle où le Roy m'abandonne
Prepare à ma constance vne belle couronne,
Hytaspe me la montre, allons gagner ce prix,
Et suiure ce beau guide au chemin qu'il a pris.

ACTE V.

SCENE PREMIERE.

HARPALE, NEARQVE.

HARPALE.

V courez-vous si viste, arrestez ie vous prie.

NEARQVE.

Ie ne sçaurois.

HARPALE.

Pourquoy?

NEARQVE.

Ie crains trop sa furie,
Il menace, il enrage, il n'escoute plus rien.

HARPALE.

Quoy pour nostre salut abandonner le sien?

C'est vne lascheté tout à fait manifeste.

NEARQVE.

Si nous pouuions l'aider en cet estat funeste,
Nostre fuite seroit vn crime nompareil,
Mais il ne peut ouyr ny raison ny conseil,
Et si les Dieux ne font vn miracle sensible,
Ie tiens sa guerison vn ouurage impossible.

HARPALE.

Contre les déplaisirs qu'Alexandre ressent,
Cratere peut beaucoup, & s'il n'estoit absent
Cet orage formé se calmeroit sans doute,
Chacun sçait que le Roy l'honore & le redoute.

NEARQVE.

Cherchons d'autres secours à son affliction,
S'il honore Cratere il aime Ephestion,
Voyons-le de bonne heure, afin qu'il remedie
Aux dangereux effets de cette maladie,
Et faisons qu'il oppose à ce fascheux transport
Ce qu'il a de credit, hastons-nous, le Roy sort.

SCENE II.

A'LEXANDRE.

VOuloir me ſecourir, c'eſt me faire vne injure,
Qui penſera me ſuiure, il mourra ie le jure.
Amis eſloignez-vous, & ne conteſtez plus:
Mais ils m'ont obey, les voylà diſparus,
Et ie puis de mes maux plaindre la violence
Sans auoir de teſmoins que l'ombre & le ſilence.
Qu'as-tu fait Alexandre? où t'a precipité
L'aueugle mouuement de ta brutalité?
A quel poinct de fureur s'eſt enfin relaſchée
Ton ame aux voluptez trop long-tẽps attachée?
Laſche & digne cent fois d'vn eternel affront
Porte au lieu de lauriers la honte ſur le front,
Puiſque de tes hauts faits eſtouffant la memoire
Tu perds en vn moment mille ſiecles de gloire,
Honneur dans les perils tant de fois eſprouué,
Treſor ſi bien acquis & ſi mal conſerué,
Pour rendre de mon ſort la rigueur aſſouuie,
Comme ie t'ay perdu ie veux perdre la vie.
Syriens abbatus, Thebains deux fois conquis,

Arabes subjuguez, & vous que ie vainquis
Lors que l'on vid rougir du sang Aziatique
Les riues de l'Euphrate & celles du Granique;
Forcez l'obscurité d'vne eternelle nuict,
Voyez à quel malheur Alexandre est reduit,
Puisqu'il faut qu'aujourd'huy par vn retour estrange
La main qui vous défit soit celle qui vous vãge.
Toy pour qui j'ay changé par vn crime nouueau
Le tiltre de vainqueur en celuy de bourreau,
Prince de qui la vie en disgraces feconde
Fut vn viuant tableau des miseres du monde.
Hytaspe où que tu sois pardonne mon forfait,
Et pour excuser mieux le mal que ie t'ay fait,
Iette vn de tes regards sur celuy que j'endure,
Ie vay te presenter blessure pour blessure,
Te rendre sang pour sang, & trépas pour trépas:
D'vn spectacle si beau ne te destourne pas,
Belle ombre viens à moy, mais quitte ie te prie
Ta juste inimitié, laisse à quelque furie
Ces horribles serpens & ces rouges flambeaux,
N'inuẽte point pour moy de supplices nouueaux,
Ie veux suiure à ce coup ta main & ton courage,
Voir l'horreur de la mort sans changer de visage,
Souffre que ie t'imite en ce dernier moment,
Et laisse-moy le bien de mourir doucement,

Glorieux inſtrument de ma perte prochaine,
Recours des malheureux, ſeul remede à ma peine,
Dans le juſte tranſport dont ie me voy ſaiſi
Que ie ſuis redeuable au bras qui t'a choiſi,
Fauorable poignard ſeconde ſon enuie,
Acheue ſon deſſein en acheuant ma vie,
Et confonds dans mon cœur ſous tes coups abbatu
Les traits de ma juſtice & ceux de ſa vertu:
Mais differons vn peu, mon trépas legitime
Doit auoir des teſmoins außi-bien que mon crime,
Il faut que Parthenie ait au moins ce plaiſir
De pouuoir par ma mort contenter ſon deſir.
L'Arreſt que j'ay donné n'eſt pas inuiolable,
Moins il euſt d'equité plus il eſt reuocable.
A moy Gardes amis, ils craignent mon courroux,
Soldats? ie voy quelqu'vn.

SCENE

SCENE III.

LYCANDRE, ALEXANDRE.

LYCANDRE.

SIRE, que voulez-vous?

ALEXANDRE.

Allez, mais promptement, deliurer Parthenie,
C'est ma coupable ardeur qui doit estre punie.
Marchez, courez, volez, ostez-moy de soucy.

LYCANDRE.

Sire, en moins d'vn moment vous nous verrez icy.

ALEXANDRE.

Mais helas! si le coup a preuenu la grace,
Si de son sang versé la genereuse trace
Tesmoigne aux yeux de tous mon crime & son mal-heur,
Qui pourra soulager l'exces de ma douleur?
Quelle assez rude mort, quel assez grand supplice

Pourra de ma rigueur expier l'injustice?
Dieux puissans accordez son salut à mes vœux,
Et faisant vn eschange aussi juste qu'heureux,
Puisque cette beauté nasquit pour vn Empire,
Qu'elle regne pour moy, que pour elle j'expire.
Ah! desir inutile & conceu vainement,
Sans doute elle n'est plus, & ce riche ornement
Pour qui l'Art paroissoit jaloux de la Nature
Sera bien-tost des vers la triste nourriture.
Pour n'estre pas tesmoin de cet acte odieux,
Cet aimable flābeau qui brilloit dans les Cieux,
De regret ou d'horreur s'est retiré sous l'onde.
Ainsi ma cruauté fatale à tout le monde
A pû dans vn moment esteindre deux Soleils
De pureté, de grace, & de lustre pareils.
Douteux euenement, cruelle impatience,
Qui mesles tant de crainte à si peu d'esperance,
Lycandre paresseux, qui te peut retenir?
Si tu veux m'obliger, haste-toy de venir.
Mais quel nouueau prodige à mes yeux se presente?
O Dieux! ie vous benis, Parthenie est viuante.

SCENE IV.

PARTHENIE, ALEXANDRE, LYCANDRE, & quelques Gardes.

PARTHENIE.

ET bien, cruel Tyran, me voicy, que veux-tu?
N'est-ce assez esprouué ma haine ou ma vertu?
Exprime tes desirs, ame lasche & barbare.
A quel nouueau cõbat faut-il qu'on se prepare?
Sans toy desia mon ame auroit quitté ce corps,
Sans toy ie reuerrois Hytaspe chez les morts,
Et desia nostre amour sans ta flame importune
Ioindroit comme nos cœurs nos deux ombres en vne.
Pourquoy me retenir? peut-estre ton courroux
Auoit creu m'imposer vn supplice trop doux.
Helas! s'il est ainsi, romps, embrase, déchire,
Inuente s'il se peut vn tourment qui soit pire,
Rappelle tes bourreaux, mais croy que le trespas,
Quelque horrible qu'il soit, a pour moy des appas.

Tu caches ton viſage, inſigne barbarie,
Au moins ouure les yeux ſur celle qui te prie,
Ne me fay plus languir, acheue ta rigueur.

ALEXANDRE.

C'eſt peu d'ouurir les yeux, il faut t'ouurir mon cœur,
Et punir ſous l'effort d'vne attainte mortelle
Par vn iuſte treſpas vne amour criminelle,
Tu verras là dedans le plus vif repentir
Qu'vn cœur vrayment touché puſt jamais reſſentir.
L'horreur de mon forfait a mon ame eſtonnée,
Et détrompant enfin ma raiſon ſubornée,
Ell' a pû me confondre, & me faire changer
Le deſir de te perdre au ſoin de te vanger.
Ne crains plus de mourir, chaſſe de ta penſée
Ce ſupplice infamant dont ie t'ay menacée,
Ton merite infiny doit aſpirer plus haut,
Et poſſeder vn Troſne au lieu d'vn eſchaffaut:
C'eſt moy qui dois perir, courage Parthenie,
C'eſt laiſſer trop lõg-temps mon offenſe impunie,
Ta vengeance eſtoit juſte, acheue ton deſſein,
Voylà le meſme fer, voicy le meſme ſein,
Haſte-toy d'y plonger cette pointe acerée,
Fay ce coup important d'vne main aſſurée,

Donne, donne la mort à cet audacieux,
Et montre que ton bras peut autãt que tes yeux,
Tu dois ce ſacrifice à ta pudique flame,
Vange-toy ſur mon corps, mais pardonne à mon ame,
Afin que ton eſpoux, loin de la tourmenter,
Veuille dans les Enfers ton exemple imiter:
Ie t'en prie à genoux par mes vœux, par mes larmes,
Par tes rares vertus, par l'eſclat de tes charmes,
Puny les mouuemens d'vn eſprit dépraué,
Et fay que dans mon ſang mon crime ſoit laué.

PARTHENIE.

Que vois-ie, eſt-ce Alexandre? ô Dieux! eſt-il poßible?
Celuy que la pitié trouuoit inacceßible
Fait vn double ruiſſeau des larmes qu'il reſpãd,
Ce courage ſi fier s'abbaiſſe & ſe repent.
Ah! grand Roy, mais que fay-ie? oüy, Sire, nul outrage
Ne merite les pleurs qui baignent ce viſage,
Et fleſchir deuant moy dans l'eſtat où ie ſuis,
C'eſt vouloir que ma honte eſgale mes ennuis.
Calmez de vos ſanglots l'extreme violence,
Voſtre reſſentiment excede voſtre offenſe,

Hytaspe & Parthenie au creux du monument
Seront trop satisfaits d'vn souspir seulement,
Viuez, regnez heureux, que nulle autre disgrace
De vos contentemens ne trouble la bonace,
Et croyez que l'ardeur dont vous fustes épris
N'a jamais eu de moy ny haine ny mépris,
Sans ce que ie deuois à ma premiere flame
Vos rares qualitez eussent touché mon ame,
Et j'eusse creu faillir de refuser mon cœur
Aux chastes passions d'vn si sage vainqueur.
Ainsi quand j'ay parlé de mort ou de blessures,
Et ce que j'ay vomy de menaces, d'injures,
Fut vne inuention pour me faire imposer
Le trespas que le Ciel sembloit me refuser.

ALEXANDRE.

Vostre innocence accroit mon forfait execrable,
Ie suis plus criminel moins vous estes coupable,
Hytaspe assassiné par mes ordres expres
Veut changer mes Lauriers en funestes Cypres,
Il faut le contenter, ie le voy qui conuie
A me donner la mort celle qui fut sa vie.

PARTHENIE.

Plus vous le desirez, moins j'y puis consentir,
Mon esprit est changé par vostre repentir,

Et de vos déplaisirs satisfaite & confuse,
Celuy que j'accusois maintenant ie l'excuse.

ALEXANDRE.

On ne peut justement excuser mon forfait.

PARTHENIE.

Ie l'impute à l'Amour, c'est luy seul qui l'a fait.

ALEXANDRE.

O courage inoüy, vertu prodigieuse,
Ame toute heroique & toute glorieuse!
Tu crois que ton honneur courroit quelque dāger
Si tu ne pardonnois quand tu peux te vanger,
Pour n'estre point ingrat que faut-il que ie fasse?

PARTHENIE.

Il me faut conceder seulement une grace.

ALEXANDRE.

Mais quelle? ie proteste & j'engage ma foy
Que vous obtiendrez tout, que voulez-vous de moy?

PARTHENIE.

La liberté de suiure Hytaspe qui m'appelle,

Ie ne demande point de fortune plus belle,
Ce desir legitime est graué dans mon sein,
On ne l'en peut oster.

ALEXANDRE.

O genereux dessein!
Loüable ambition digne d'auoir vn Temple,
Meurs quand il te plaira, ie suiuray ton exemple:
Mais que veut celuy-cy qui le haste si fort?

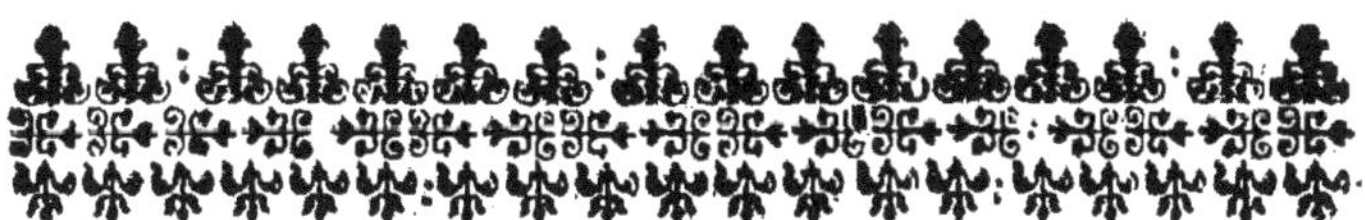

SCENE V.

NEARQVE, ALEXANDRE, PARTHENIE.

NEARQVE.

AH! Sire, Ephestion se va donner la mort,
Si vostre Majesté n'y met vn prompt remede.

ALEXANDRE.

D'où vient son desespoir, quel transport le possede?

NEAR-

NEARQVE.

Celuy de s'eſtre veu forcé de vous trahir,
En vn mot ſon honneur l'a fait deſobeir.

ALEXANDRE parlant tout bas à Nearque.

Hytaſpe n'eſt pas mort?

NEARQVE.

Non, Sire, il vit encore.

ALEXANDRE.

Mais il me l'a mandé.

NEARQVE.

Ce regret le deuore.
Il dit bien que trois fois ce meurtre il a tenté,
Mais trois fois à ſa main ſon cœur a reſiſté,
De ſorte que tournant ſon fer contre ſoy-meſme
D'vn coup il veut vanger & ſauuer ce qu'il ai-me.

ALEXANDRE.

Va, cours le ſecourir, fay qu'il ne meure pas,
Haſte-toy d'arreſter ſon deſſein & ſon bras,
Qu'il vienne me reuoir, & luy dy que ie l'en prie,

O

Que mes feux sont esteints, que mon ame est guerie,
Et que ie veux qu'Hytaspe, apres tant de malheurs,
Trouue dans les plaisirs la fin de ses douleurs.

NEARQVE.

Ie vay vous obeir.

ALEXANDRE.

Cours viste, l'heure presse,
Meurs ou reuiens bien-tost. Ainsi, belle Princesse,
Les maux que vous souffrez sont bien pres de guerir.

PARTHENIE, qui n'a point oüy le message de Nearque.

Oüy puisqu'on m'a donné le pouuoir de mourir.

ALEXANDRE.

Vous reuerrez Hytaspe.

PARTHENIE.

Helas! c'est mon enuie.
Pour cela j'ay conceu tant d'horreur de la vie,
Qu'on ne peut d'vn moment reculer mon desir

Sans m'ofter ce me femble vn fiecle de plaifir.

ALEXANDRE.

Mais la mort que l'on peint fi laide & fi terrible,
Dont l'abord eft funefte & la face eft horrible,
Ne peut-elle aujourd'huy voftre efprit eftonner,
Et de fon fier objet vos regards deftourner?

PARTHENIE.

A quiconque la craint aucun Monftre n'eft pire,
Mais elle paroift belle alors qu'on la defire.

ALEXANDRE.

Vos defirs fe pourroient employer beaucoup mieux.

PARTHENIE.

Ie ne le penfe pas.

ALEXANDRE.

Demandez que les Dieux
Vous redonnent Hytafpe, & que cette belle ame
Reprenne en mefme temps & fon corps & fa flame.

PARTHENIE.

Helas! il est parti sans espoir de retour.

ALEXANDRE.

Le voylà toutefois.

SCENE DERNIERE.

PARTHENIE, ALEXANDRE, HYTASPE, EPHESTION.

PARTHENIE.

O *Miracle d'Amour!*
Mes yeux est-ce luy-mesme? oüy, ie le voy paroistre,
Ses amoureux regards le font assez connoistre.

ALEXANDRE.

Hytaspe, c'est assez, c'est assez enduré,
Il est temps de joüir d'vn repos assuré,
Parthenie, il est temps qu'Alexandre repare
Tant d'outrages commis cōtre vn couple si rare.

Estouffe dans l'oubly les maux que ie t'ay faits,
D'vne si belle cause excuse les effets,
Et permets que ie change vne amour criminelle
En vne amitié sainte aussi-bien qu'eternelle.
Ie te rends le tresor que ie voulois rauir,
Va juste possesseur de plaisirs t'assouuir,
Et comblé desormais d'vne gloire infinie
Posseder ta constante & chaste Parthenie.

HYTASPE.

Grand Roy, quelque tourment qu'Hytaspe ait pû sentir,
C'est trop que d'en auoir le moindre repentir,
Le rang que vous tenez & ce superbe tiltre
Qui vous rend des mortels ou le maistre ou l'arbitre,
Vous donne tout pouuoir de nous faire endurer,
Et sans commettre vn crime on n'en peut murmurer:
Mais puisque vos bontez finissant mes supplices,
Veulent que mes ennuis soient changez en delices,
Ce que vous m'accordez m'est vn bien si charmant,
Qu'il falloit le payer encor plus cherement.

ALEXANDRE.

Pour vous à qui ma flame a cousté tant de larmes,
Ie vous rends vos Estats, triomphez de mes armes,
Que vos myrthes fameux, riches de mes lauriers,
Partagent le butin de mes exploits guerriers:
Il est juste, & ie veux que de vostre coronne
La premiere splendeur vostre front enuironne.

PARTHENIE.

Parmy tant de faueurs dont ie me voy combler,
Ie doute si ie dois ou me taire ou parler.
Voir Hytaspe viuant, l'auoir en ma puissance,
Rentrer dans nos Estats, ô Iustice, ô Clemence!
O Royales vertus dignes que les mortels
D'une offrande immortelle honorent vos autels!

ALEXANDRE.

Reseruez pour les Dieux ces discours magnifiques,
Ma hõte & ma foiblesse ont esté trop publiques
Pour voir jamais fumer, sans estre prophanez,
Les Encens qu'a ma gloire ont auoit destinez.

Tu le sçais, cher Amy, sans ta sage conduite
Mon crime & mes mal-heurs auroient eu plus de suite,
Ta desobeissance a sauué mon honneur,
L'vn d'eux te doit sa vie & l'autre son bonheur,
Mais ie te dois tout seul mõ bonheur & ma vie.

Parlant à Ephestion.

EPHESTION.

SIRE, puisque l'effet respond à mon enuie,
Ie benis mon offense, & conjure les Dieux
De veiller desormais à vous inspirer mieux,
Faites que ce mal-heur serue à vostre memoire
D'ombre pour rehausser l'esclat de vostre gloire.
Partez, & releuant ce courage abbatu,
Montrez-nous quelle fut sa premiere vertu.

ALEXANDRE.

I'aime de tes conseils la sagesse profonde,
Allons assujettir tout le reste du monde,
Qu'au recit de mon nom, qu'au bruit de mes exploits
L'Indien effrayé se range sous mes loix,
Que le Tartare cede, & que ma foudre esclatte
Sur le Gange aussi-bien qu'ell' a fait sur l'Euphratte.

Cependant, justes Dieux, pour l'accident passé,
Faites que de mes jours ce jour soit effacé,
Que jamais nos Neueux ne le puissent apprendre
Dans les fastes promis aux gestes d'Alexandre.
Et vous heureux Amans apres tant de trauaux,
Enfin auec le iour voyez finir vos maux,
C'est trop perdre de temps en des paroles vaines,
Venez cueillir le fruict & le prix de vos peines.

FIN.